「貞観政要」がやさしく学べるノート

組織を「安定軌道」に乗せるにはどうすべきか?

プレジデント書籍編集部[編]

プレジデント社

はじめに

　中国古典の大きな柱になっているのはリーダー学であり、それがほぼ出そろったのは2000年も前のことです。これには「上に立つ者はどうあるべきか」という切実な課題が詰め込まれています。だからその内容はいやでもリーダー学にならざるをえませんでした。

　リーダー学の極北にあるのが帝王学であり、なかでも、中国古代の帝王と彼らを補佐した名臣たちの記録が記され、儒教流政治学のテキストといってよいのが『書経』です。ちなみに漢の高祖劉邦が帝王学のご進講を受けたとき、教材として使われたのがこの『書経』でした。

　さて、『書経』と並んで、帝王学の原典とされてきたもう1冊の古典が、ここで紹介する『貞観政要』です。これはずっと時代が下って、唐王朝の2代目太宗李世民（在位626～649年）にまつわる話がおさめられています。唐の太宗は中国の長い歴史のなかでも、屈指の名君として知られており、治世24年、重臣たちの諫言に耳を傾けながら、常に緊張感を持って政治に取り組み、平和で安定した社会を築くことに成功したといわれ、その治世は、太宗の年号をとって「貞観の治」と称えられています。

『貞観政要』は、太宗が死去してから50年くらいたって、呉兢（ごきょう）という史家によってまとめられました。題名は、「貞観の治」をもたらした政治の要諦といった意味であり、太宗と彼を支えた重臣たちとの間でかわされた政治問答が中心になっています。それらの問答を通して、彼らの覚悟と真摯な姿勢があますず説き明かされています。

　いつの時代でも、トップやリーダーは重い責任を背負っており、与えられた職責を果たしていくには、それなりの覚悟が求められます。その意味で『貞観政要』は現代でも学ぶべき点が少なくありません。しかし、あまりに膨大な書であるため、読み解くことが難しいのです。

　そこで、リーダー学を学びたいと思っている方々のために、守屋洋氏が小社から上梓している『「貞観政要」のリーダー学』をさらに読みやすく編集し直しました。本書を手に取られ、お読みいただいて、リーダー学への道しるべとなることができれば幸いです。

『「貞観政要」がやさしく学べるノート』目次

〈序章〉
創業か守成かを問う　　7
『貞観政要』のなかでも最も有名な問答である「創業か守成か」。
どちらもそれぞれ難しいことに違いはないが、
その難しさの中身に違いがある。

〈一章〉
安きに居りて危うきを思う　　21
守成の時代は、創業期のような波乱要因は少ない。
平穏な時代にはその時代の課題がある。
いかに活力を維持していくかがポイントとなる。

〈二章〉
率先垂範、わが身を正す　　41
源が澄んでいれば、自然と流れも澄み、源が濁っていれば、
流れも濁ってしまう。組織の上に立つ者は
部下の手本となるような言動をしなければならない。

〈三章〉
臣下の諫言に耳を傾ける

国を滅ぼし身の破滅を招くのを防ぐためには、
臣下の諫言に耳を傾ける必要がある。
また、臣下の諫言を引き出すには、
君主の側にも格段の配慮が求められる。

〈四章〉
人材を育成し、登用し、活用する

『韓非子』によれば、自分の能力のみで
仕事をするのは「下君」、配下に人材を集め、
知恵を借りて仕事をするのが「上君」だという。
太宗はまぎれもなく後者であった。

〈五章〉
明君と暗君とを分かつもの

愚かであっては暴君になどなれない。
名君と暴君の違いは自己コントロールの有無。
わがまま勝手を抑制し、「忍」を貫くのが名君の条件といえる。

〈六章〉
初心、忘るべからず   175

どんなに高い堤防も、蟻の一穴から決壊すると
『韓非子』にもある。重臣の魏徴は長文の上書をもって、
太宗に苦言を呈している。本章ではそれを解説する。

〈七章〉
有終の美を飾らん   213

創業の後を受け継ぎ、さらに発展させ体制の基盤を固めた太宗だが、
20年を超える治世ともなれば、初心を貫き通すのは至難の業。
どのようにして有終の美を飾ったのか。

〈解題〉唐の太宗と補佐役たち   232

〈人物評伝〉本書に登場する才人・異人たち   240

〈序章〉

創業か守成か を問う

『貞観政要』のなかでも最も有名な問答である「創業か守成か」。
どちらもそれぞれ難しいことに違いはないが、
その難しさの中身に違いがある。

〈その1〉

**創業は登山のようなもの。
頂上へのルートは
いくつもあるが、
どれを選ぶかは
才覚にかかっている。**

【現代語訳の概要】

違う意見に耳を傾け、ともに将来を見据える

「創業か守成か」という難しい問答は、『貞観政要』のなかでも最も重要なものです。

貞観10年、太宗が側近の者に、帝王の事業として、創業と守成とどちらが困難かを尋ねました。

宰相の房玄齢(ぼうげんれい)は、天下は乱れ群雄が割拠している創業当初は、天下統一のためには、争覇戦に勝ち抜かねばならないため、創業のほうが困難だと答えました。

一方、重臣の魏徴(ぎちょう)が「前代の衰乱の後に、新しい帝王が現れるときは、人民はこぞって命令に従います。帝王の地位は天から授かり、人民から与えられるものなので、それを手に入れるのは困難ではありません。しかし、天下を手中にすると気がゆるみ、欲望を抑えることができなくなります。そうなると、人民が平穏な生活を望んでも労役はやむことがありません。人民が食うや食わずの生活を送っていても帝王は贅沢三昧をやめず、人民は次から次へと新たな労働を課されることになり、これが原因で国家は衰退します。ゆえに守成こそ困難です」と反論しました。

太宗がおもむろに語ります。

「房玄齢は昔、わたしに従って天下を平定し、つぶさに艱難を

なめ、九死に一生を得て今日あるを得た。その立場からすれば、創業こそ困難であると考えるのも、もっともなこと。一方、魏徴はわたしとともに天下の安定をはかりながら、少しでも気持ちをゆるめれば、滅亡の道を歩むに違いないと心配している。だから、守成こそ困難だと答えたに違いない」。そして太宗は続けます。「創業の困難はもはや過去のものとなった。今後はともに心して守成の困難を乗り越えていきたい」と。

創業に王道なし
～教えることも学ぶこともできない経営の勘

　創業には創業の苦しみがあり、守成には守成の厳しさがあり、どちらが難しいかとの答えは、その人の立場によって異なってきて当たり前です。

　房玄齢は、早くから太宗のもとで、ともに創業の苦しみを体験しています。一方の魏徴は、太宗の権力基盤が固まった後に、その人物を買われて敵対陣営からスカウトされ、側近に登用されています。現代風にいえば、中途入社なのです。それだけに、太宗の期待に応えるべく奮迅し、太宗の治世を軌道に乗せるため頭を痛めていたはずです。そういう彼から見れば、「守成こそ難しい」と思えたのも当然かもしれません。

　要は、創業も守成も難しいことに変わりはありません。その難しさの中身がずいぶん違っているのです。

　守成でいえば、何が原因で国や組織が滅び、どうすれば滅亡を免れることができるかについては、かなりな程度、共通する心得を見出せます。学ぼうとする意欲さえあれば、学んで身につく部分が少なくないということです。

　これに対して創業には、成功するための王道がありません。登山でいえば、頂上を目指すのは同じでも、頂上への

ルートがいくつもあるようなものです。どのルートを選ぶか、それはその人の才覚いかんにかかっています。

これはたぶん、経営の勘のようなものと大いに関係しており、教えようとしても教えられるものではなく、学ぼうとしても学べるものではありません。

成功した創業者は狂気の人
～余人には真似のできないカリスマ性が求められる

1代で西武王国を築いた堤康次郎は、息子たちに「事業は、人の後追いをしていたら失敗する。後追いは競争になり、競争のなかではまともなサービスなどできない。だから、事業はまだ人のやっていないことをやるに限る」と語ったそうです。まさにベンチャーの精神です。ベンチャーは、道なき道を手さぐりで切り開いていくほかなく、手本もなければ教師もいません。ただ己を信じてがむしゃらに進んでいくだけです。

イトーヨーカ堂グループの創業者の伊藤雅俊は、世襲問題に触れて、「成功した創業者というのは『狂気の人』であり、他人と同じことをしていては成功しない。違うやり方だったからこそ成功したが、その経営手法は血を分けた子供であろうと、語り継げても受け継ぐことはできない」

と発言しています。
　この「狂気の人」とは、現代風にいえば「カリスマ」ということでしょう。成功した創業者にはそういう側面があることは否定できないし、それはその人限りのもので、余人には決して真似のできないものなのです。

〈その2〉

戦乱の時代にあって、
馬上で天下を取ったとしても、
馬上で天下は治められない。

成功には「運」も必要
～誰にでもあてはまるような成功法則などない

　漢の高祖劉邦はライバルの項羽を倒して漢王朝を興して皇帝の位につきますが、7年後、体調を崩して病の床に臥せました。病状は日に日に悪化。心配した皇后の呂后が、名医を探し出して診察にあたらせました。ひととおり診察が終わったところで、劉邦が自分の病状を尋ねたところ、医者は笑って「きっとよくなります」と慰めました。

　ところが、劉邦は声を荒らげ叱りつけて、「天下を取れたのも天命なら、今こうして死んでいくのも天命、この天命だけはどんな名医もどうすることもできない」といい、治療をさせず褒美だけを与えて医者をさがらせたといいます。

　一介の庶民から身を起こし、「天下を取れたのは天命だ」というのは、噛み砕いていえば、天下を取れたのは努力や能力が優れていたからではなく、運がよかったからだということにほかなりません。これは劉邦の偽りのない実感だったことでしょう。

　松下電器（現パナソニック）の創業者である松下幸之助も、同じようなことを語っています。あるとき、「あなたがこれほどの成功をおさめた理由はなんですか」と聞かれ

て、「いやなに、人様よりも少しばかり運がよかっただけですよ」と答えたといわれています。

　こうした感慨は、創業の経営者が成功した後で過去を振り返ってみたとき、共通して覚えるものなのかもしれません。もちろん、その人が謙虚な人物であれば、という前提はつきますが……。

　いずれにしても、創業してあらゆる困難を乗り越えて成功にたどりつくには、得体の知れない不確定な要素である「運」というものがかかわってくることは、認めざるをえないところです。だから創業には、誰にでもあてはまるような共通の成功法則など、容易に見つけ出せないのです。

創業から守成へ
～創業から守成へとうまく切り替えることが生き残りの鍵

　たとえ創業に成功しても、成功体験にとらわれて守成への切り替えを怠ると、その組織はいずれ衰亡を免れません。どう切り替えていくかが生き残りの鍵となります。

　劉邦はもともと名もない農民の家に生まれ、ほとんど無学無教養でした。しかし、皇帝ともなるとそうはいきません。そこで教育役として陸賈という重臣が選ばれました。もともと学問に興味のない劉邦はすぐに嫌気がさし、自分

は「馬上で天下を取ったのだ」と怒鳴りつけたそうです。対して陸賈は「陛下は馬上で天下をお取りになりました。だが天下は馬上では治められませんぞ」と反論しました。その言葉に道理があると認めるや、劉邦は怒りを抑え、以後、引き続き帝王学についての教育を受けました。テキストに使われたのは、『詩経』と『書経』の2冊でした。

　古代中国の詩歌集『詩経』は、表現力を高めることにつながり、もう1冊の『書経』は、古代の帝王と補佐役たちの間で交わされた政治についての問答や彼らの事績をまとめた古典です。国を安泰にして滅亡を免れるための政治の勘所が、さまざまな角度から説き明かされている、まさに政治学の教科書です。

　劉邦の漢王朝はようやく創業が成って、守成に移行しようとする時期でした。『書経』は学ぶべき帝王学として打ってつけの内容だったのです。

徳川も守成に成功した
〜儒学を修めることで「文治」への転換をはかる

　天下人の徳川家康は、岡崎の小城主の子として生まれ、幼いときから人質に出されるなど、生き残りの苦労を味わいながら育ちました。そんななかで学問を身につける余裕

はなく、成長してからも戦いに明け暮れる日々で、何かを学ぶ時間などありませんでした。

　晩年に近くなり天下取りの視界が開けてきてから、家康は儒学者の藤原惺窩を招いて『貞観政要』の教授を受け、さらに後には惺窩の弟子の林羅山を江戸に招いて、儒学の習得に努めています。

　おそらく家康も、「馬上では天下を治められない」ことがよくわかっていたのでしょう。そこで、みずから儒学を修めることで、「文治」への転換をはかろうとしたのです。徳川の治世が270年も続いたのは、この転換に成功したことも大きな要因の1つと考えられます。

太宗李世民の覚悟
～守成の心得は、学ぶ気になればいくらでも学べる

　2代目といえども太宗は、苦労知らずの「ぼんぼん」ではありません。唐王朝成立の当初、各地には敵対勢力が割拠していました。20歳を過ぎたばかりの太宗（当時は秦王）は、みずから討伐軍を率いて遠征し、敵対勢力を次々に滅ぼしていきました。彼なくして唐王朝の創業はなかったといっても過言ではありません。

　父の高祖李淵から禅譲されて、太宗が2代目の座につい

た頃には、ほぼ創業の危機を脱し、後は政権の基盤をどう固め、どう発展させていくかが課題でした。そして、創業とは違う守成の時代の新しい苦労が始まることになります。

そんな太宗を、重臣たちも懸命に支えます。『貞観政要』には、彼らが守成の時代をどう乗り越えていったのか、その苦心がまとめられています。

すでに述べたように、創業も難しいが守成も難しいものです。ただ、創業の苦心は、理解することはできても継承することはできません。これに対し、守成の心得はその気になればいくらでも学習可能なのです。その守成の仕事に生きがいを見出し、自分の人生をかけていたのが、魏徴という重臣でした。

〈一章〉

安きに居りて危うきを思う

守成の時代は、創業期のような波乱要因は少ない。
平穏な時代にはその時代の課題がある。
いかに活力を維持していくかがポイントとなる。

一

君は舟なり、人は水なり

忠臣が口を閉ざし、
へつらい者が幅をきかせ、
君主が過ちに気づかなくなれば
国は滅亡する。

【現代語訳の概要】

舟は水の上にあり、畏るべきは水である人民の意向

　貞観6年、太宗が側近の者に「昔の帝王の治世を調べてみると、初め、日の出の勢いにあった者でも、決まって衰亡の道をたどっている。その原因は、臣下に耳目をふさがれ、政治の実態を知ることができなくなるからだ。忠臣は口を閉ざし、へつらい者が幅をきかせ、しかも君主はみずからの過ちに気づかなくなるのだ」といいました。

　そして、「人民の意向を尊重してわが身を慎む必要がある。天子が道に則った政治を行なえば、人民は推戴して明主と仰ぐが、道にはずれた政治を行なえば、そんな天子など捨てて顧みない。よくよく心してかかる必要がある」と語りました。

　それに応えて魏徴がこういいます。「昔から国を滅ぼした君主は、安きに居りて危うきを忘れ、治に居て乱を忘れていたから」だと……。そして、古人の言葉に「君は舟なり、人は水なり。水はよく舟を載せ、またよく舟を覆す」とあります。先ほど陛下は、「畏るべきは人民の意向だ」とおっしゃいましたが、まさに仰せのとおりだと述べて、太宗の深慮に賛意を表しました。

一章　安きに居りて危うきを思う

深淵に臨むが如く薄氷を履むが如し
～水が低いほうに流れるように、政治は人民の意向に従う

　太宗と魏徴の問答からは国政への自覚と責任感がひしひしと感じ取れます。「君は舟なり、人は水なり」とあるように、民の意向に逆らった政治をすれば、君主の座など吹き飛んでしまう。「そうはなるまいぞ」と、太宗は厳しくみずからを戒めています。

　同じように、春秋時代の名宰相と謳われた斉の国の管仲（かんちゅう）は、経済政策に力を入れ、「衣食足りて礼節を知る」という有名な言葉を残しています。

　その政治の特徴について、史家の司馬遷は、「ちょうど水が低いほうに流れるように、絶えず人民の意向に従って処理する。これが管仲の政治であった」と述べています。政策を論議する場合は、実行面に主眼をおき、常に人民が何を求めているかを念頭において、それを政策面に反映させました。失政は教訓として成功を導く糧とし、絶えずバランスを考えて行き過ぎのないように努めました。まさに管仲が名宰相と謳われたゆえんです。

玄宗はなぜ守成に失敗したのか
～政治への関心を失い、楊貴妃との愛に溺れた

　太宗と対照的だったのが、彼の曽孫にあたる玄宗皇帝です。6代目の皇帝で、その治世も44年と長く、治世の前半は守成の名君でした。現に、彼の治世は、年号にちなんで「開元の治」と称され、太宗の「貞観の治」と並んで、よく治まった時代の典型として評価されています。

　玄宗の治世の成功は、玄宗自身の人並みはずれた能力と、つねに緊張感を持って政治に取り組んだことにありました。そして補佐する名臣にも恵まれました。

　ところが、治世も後半に入る頃から雲行きがあやしくなり、晩年には政治の乱れから「安史の乱」という大規模な反乱まで引き起こしています。その結果、唐王朝は滅亡寸前の状態にまで追い込まれ、玄宗自身も退位を余儀なくされました。

　なぜか。最大の理由は、トップである玄宗が政治への関心を失ってしまったことです。即位以来30年、天下はよく治まり、人々は豊かな生活を楽しむ。そんな安堵感から玄宗は緊張感がゆるんで、絶世の美女といわれる楊貴妃との愛に溺れていきました。そうなると、当然の如く補佐する臣下にも直言の士は姿を消し、ご機嫌取りに憂き身をや

つす姦臣が幅をきかすようになります。これが玄宗の転落に拍車をかけたのでした。

　太宗がつねに警戒したのは、まさにこういう事態だったのです。

二
安くして而も能く懼る
しか　　よ　　　おそ

国が安定しているときこそ、
いっそう気を引き締めて
政治にあたらねばならない。

一章　安きに居りて危うきを思う

【現代語訳の概要】

政治の安定による気のゆるみを正す

　貞観15年、太宗が「国を維持することは困難か容易か」を側近の者に尋ねました。

　魏徴が「きわめて困難であります」と答えると、太宗が反問します。「優れた人材を登用し、よくその者どもの意見を聞き入れればよいではないか。必ずしも困難であるとは思えない」と。

　その反問に対して魏徴は、次のように答えます。

　これまでの帝王を見ると、国が危難に陥ったときには、優れた人材を登用し、その意見によく耳を傾けます。しかし、政治が安定してくると、必ず心にゆるみが生じてきます。そうなると、臣下もわが身のことを第一に考えて、君主にたとえ過ちがあっても、あえて諫めようとしません。結果として、国勢は日ごとに下降線をたどり、ついには滅亡に至るのです。

　昔から聖人が「安きに居りて危うきを思う」のは、そういうことが当たり前に起こるからです。「国が安定しているときにこそ、いっそう気持ちを引き締めて政治にあたらなければなりません。それで、わたくしは困難であると申し上げたのです」と。

形勢がよくなってもあわてない
～勝ちが見えてきたときにこそ敗局の悪手に用心する

　創業の時期には問題が山積し、しばしば困難に見舞われるが、経営を軌道に乗せるためには、それを１つ１つ乗り越えていかなければなりません。そういうときは緊張の連続であり、気持ちをゆるめている暇などありません。

　ところが、なんとか安定軌道に乗ったとたん気持ちがゆるみ、心に隙(すき)が生じてきます。これは人間誰もが陥ってしまう習性でしょう。

　だから魏徴も、「安くして而(しか)も能(よ)く懼(おそ)る」ことの難しさを強調し、いっそうの自戒を太宗に求めているのです。

　いつかテレビを見ていたとき、アナウンサーの「勝つ秘訣は何ですか。あったらぜひ教えてください」という質問に、若い将棋の名人は、いろいろ考えあぐねた後、「そういえば、形勢がよくなってもあわてない、形勢が悪くなってもあきらめない。これが勝つ秘訣かもしれませんね」と答えました。

「形勢が悪くなってもあきらめない」なら、説明するまでもありませんが、「よくなってもあわてない」については若干の説明が必要かもしれません。

　辛抱して指してきて、やっと勝ちが見えてきた。そこで

「やれやれ」と気持ちがゆるみ、敗局につながる悪手を打てば、形勢を損じてしまう。そうならないためには、勝ちが見えてきたときにこそ、じっくりと全局を読み直して、慎重に次の一手を指さねばならないということでしょう。

　経営についても同じことがいえます。今が好調だからと、浮かれたり手を抜いてはなりません。むしろ好調なときこそ、いっそう気持ちを引き締めて取り組み、できれば不調に陥ったときや最悪の事態に陥ったときの対策を常に用意しておきたいものです。それくらいの用意がなければ、守成の責任を全うすることはできないのです。

「常在戦場」の覚悟で
～山本五十六（いそろく）が好んで揮毫（きごう）した四字句

「常在戦場」はよく使われる言葉ですが、出所がはっきりしませんでした。

　ところがひょんなことから、長岡藩の藩主となった牧野家のご先祖の城主が、家臣団に18か条からなる心得の条を壁書で示しており、そのなかに「常在戦場」の四字句が出てくることを知りました。徳川家康がまだ世に出てくる前の話といいますから、かなり古い時代からの言葉で、今日、「参州（三河）牛久保の壁書」として伝わっています。

その後、牧野家は徳川の時代になってから長岡に封じられ、以来、この士風は長岡の地で語り伝えられてきました。
　その伝統のなかから河井継之助が生まれ、昭和の名将・山本五十六が生まれたのは、決して偶然ではありません。
　山本五十六は揮毫を求められると、好んでこの「常在戦場」の四字句をしたためたといわれ、それが今でもあちこちに残っているようです。そして、それを目にした人たちが記憶にとどめ、いつしか「常在戦場」の四字句が世に広まったものと思われます。
　つまり、この四字句は牧野家の「壁書」が出典であり、それを世に広めるうえで、山本五十六が一役買ったという推理が成り立ちます。
　山本五十六は生粋の武人でしたから、この言葉が彼の心情にぴったりと合致したのでしょう。
　しかし、この言葉の魅力は、武人だけの専売特許ではありません。創業であろうと守成であろうと、不確実の時代にあって、この言葉は経営の現場において、常に覚悟しておきたい言葉にほかなりません。
　太宗が自戒した「安きに居りて危うきを思う」から導き出されるのも、まさにこの覚悟なのです。

三

国を治むると
病を養うとは異なるなし

たとえ賞賛の声を聞いても、
まだまだ不十分だと
みずからを戒める。

【現代語訳の概要】

君臣の間に起こった疑念を真正面から受け止める

　貞観5年、太宗が側近の者に次のように語りました。

　国を治めるときの心構えは、病気を治療するときの心がけとまったく同じだと思う。病人というのは快方に向かっているときにこそ、より用心して療養に努めなければならない……と。

　病人がつい油断して医者の指示を破るようなことをすれば、それこそ命取りになりかねない。国の政治も同じで、「天下が安定に向かっているときこそ、いっそう慎重に対処しなければならない。そのときになって、やれやれ安心だと気持ちをゆるめれば、必ず国を滅ぼすことになる」と。

　今、天下の安危は自分の肩にかかっているのだから、常に慎重を心がけ、たとえ称賛の声を聞いても、まだまだ不十分だと自戒している。しかし自分一人が努力してもどうにもならない。君臣であるみんなと一心同体となって、政治にあたりたいと思っている。だから、危険を察知したら、すべて包み隠さず申し述べてほしい。お互い心のなかで思っていることを口に出せないようなことになれば、それは国を治めるうえで、このうえない害となるのだから……と。太宗がいかに風通しのいい政治を熱望していたかがわかります。

一章　安きに居りて危うきを思う

危機感を共有する
～危機感は組織の全員に浸透させてこそ実効があがる

　政治・経営などは、不測の事態が起こるのは当たり前のことで、起こってからあわてていては、トップとしての責任は果たせません。常に不測の事態を想定して取り組むのがトップとしてのあり方です。

　そこで、「これでは危ない」という危機感が大事になります。しかし、平穏な状態が長く続くと危機感は薄れ、また業績が好調で苦労なく利益があがっていると、つい危機感が薄れがちです。バブル華やかなりし頃がそうでしたが、各社とも大企業病に陥っていました。警鐘が鳴らされたにもかかわらず克服できず、その後、後遺症に苦しむこととなりました。この大企業病も、好調に浮かれ危機感を失ってしまったことが原因といえるでしょう。

　ただし、危機感をトップのみが抱いても、どうなるものでもありません。組織の全員に浸透させてこそ、初めて実効があがるのです。そのためには、ハッパをかけたり、数字をあげて叱咤するだけでは駄目で、下からの意見や不満を吸い上げ、何でも自由にものが言える風通しのいい組織にすることが重要です。

トップ自身が大きな耳を持って、どんな意見にも耳を傾ける姿勢を示しておくことが重要なのです。

一章　安きに居りて危うきを思う

四
大事は皆小事より起こる

小事だからと放っておくと、
大事が起こったときには、
手のつけられない事態になっている。

【現代語訳の概要】

天下の大事はすべて小事に起因する

　貞観6年、太宗が「国が危難に陥って滅びそうなのに、誰も救おうとしない。いったいなんのための重臣なのか」という孔子の言葉について語っています。

　本当の臣下であれば、君主の過ちを正さなければならない。夏王朝の桀王が直言の士を次々と殺す姿を、書を通して体現するとき、嘆息せずにはいられない。だから、臣下のみんなはみずから信じるところを直言し、政治の誤りを正してほしい。そして、自身の意向に逆らったからといって、みだりに罰しないことを太宗は明言しました。

　およそ天下の大事はすべて小事に起因しています。小事だからと放置しておけば、大事が起きたときには、すでに手のつけられない事態になっているものです。国家が傾くのも同じです。

　隋の煬帝は暴虐の限りを尽くしたあげく、匹夫の手にかかって殺されましたが、誰も嘆き悲しむ者がいなかったとか。そして、太宗はいいます。

　「わたしに煬帝の二の舞いをさせないでほしい。わたしもまた、そちたちに、忠なるがゆえに誅殺された君臣の二の舞いはさせないつもりだ」と。

一章　安きに居りて危うきを思う

勝敗は一誤に由るのみ
～たった1回の誤りが、戦いの勝敗を分ける

　日常の業務は、おおよそ同じことの繰り返しです。油断するとマンネリ化して惰性になり、やがて仕事の手を抜くようになります。それが禍のもとになります。

　太宗と彼に仕えた李靖という将軍の兵法問答をまとめた『李衛公問対』という兵法書があります。そのなかで太宗が、いろんな兵法書に目を通してきたが、その要諦は策を講じて敵の誤りを引き出すことにあるように思うが、どうだろうかと李靖に尋ねています。対して李靖は、敵に誤りがなければ、勝ちをおさめることはできませんと応じます。そして次のように付け加えています。

　古来、戦いの勝敗を分けたのは、ほとんどがたった1回の誤りによるものです。まして誤りばかり重ねていたのでは勝てるわけがありません。では、なぜそういう判断ミスが生じるのか。最大の原因は油断であり、みずからの優勢を過信して敵をなめてかかったり、なまじ連戦連勝した後などにこれが生まれてきます。そういうちょっとした判断ミスが、取り返しのつかない敗北を招くのだというのです。これまたビジネスの場でもあてはまることはいうまでもありません。

利を見ては義を思う
～違反は芽のうちに摘み取り、不祥事の起こる前に防ぐ

　経営者の仕事は、知恵をしぼって利益を追求し、結果、社会に貢献することですが、利益追求のためであっても、定められた法律は守らなければなりません。つまり「法令遵守」は当然のことなのです。では、法律さえ守っていればいいのかというと、必ずしもそうではありません。

　かの『論語』に「利を見ては義を思う」という言葉があります。利益を追求する場合でも、常に「義」を念頭において、「義」を踏みはずさないようにしてほしいというのです。「義」とは、正しいという意味であり、人間として守るべき正しい道ということかもしれません。

　不祥事といってもいろいろありますが、誰の目にもそれとわかるのが法律違反です。「これくらいはいいだろう」という甘えが、やがて大きな不祥事へと発展していくものです。そうしたことは、芽のうちに摘み取らなければなりません。

　法律違反の背景には、「義」への軽視が読み取れ、それが積もり積もって法律違反につながったのかもしれません。だとすると、法律違反をなくすためには、まず「義」を守

ることが先決だということになります。これを全社員に徹底させることも経営のトップやリーダーの責任だと心得たいものです。

〈二章〉

率先垂範、わが身を正す

源が澄んでいれば、自然と流れも澄み、
源が濁っていれば、流れも濁ってしまう。
組織の上に立つ者は部下の手本となるような
言動をしなければならない。

一
その身を忘るるなかれ

人を治める立場を目指す者は、
上に立つ者としてふさわしい中身を
身につけなければならない。

【現代語訳の概要】

自分の身まで忘れるほどの悪政はない

　貞観6年、太宗が側近の者に、「周も秦も、天下を手中にした当初は同じだったが、周は善政に努めて功徳を積み重ねたことで、800年にわたって存続した。一方の秦は、贅沢にふけり人民には厳しい刑罰で臨んだ結果、わずか2代で滅びてしまった」と述べ、まことに善を行なう者の幸せは長く、悪を行なう者の寿命は短いといいました。

　そして自分は、いくら努力しても古代の聖王に及ばず、世間の物笑いになりはしまいかと、気がかりでならないと続けたのです。

　それに対して魏徴があるエピソードで答えます。昔、魯の哀公が孔子に、引っ越しの際に、自分の女房を忘れていったひどい男がいると語りかけたところ、孔子は、夏の桀王と殷の紂王という典型的な暴君とされている「桀紂」を例に出して、「彼らは自分の身さえ忘れてしまったのですから」と述べたといわれています。

　そして、くれぐれもその身を忘れることのないようにと、太宗にみずからの意見を述べたのです。

古典や歴史に学ぶ
～能力と人格の両面にわたって自分を磨く

　上に立つ者はまずわが身を正せという意識を、かつて日本の先人たちは持っていました。これは何も一部の著名なリーダーに限ったことではなく、地方の名もないリーダーにも、そういう人物が大勢いました。ところが近年、そんなリーダーがめっきり少なくなってしまいました。その原因はおそらく、現代のリーダーが先人たちの持っていた古典や歴史の素養を失ってしまったことが大いに関係しているように思われます。

　たとえば、江戸時代も後半には、ほとんどの藩が自前の藩校をつくって人材育成に努めました。そこで教え学んだのは、中国古典であり、なかでも儒学が主流でした。

　中国古典の核心は「修己治人(しゅうこちじん)」の学にあります。これは「己を修め人を治む」ということで、「人を治む」とは人々を統治することであり、そういう立場を目指す者は、まず「己を修む」必要があるということです。「己を修む」とは、上に立つ人間としてふさわしい中身を身につけ、能力と人格の両面にわたって自分を磨くことを意味します。もちろん「まずわが身を正せ」という教えも、強く要請されています。

また、歴史書では、テキストとして『十八史略』『春秋左氏伝』『史記』『資治通鑑』などが使われました。これらの中国の史書の特徴は、人間を中心に書いている点にあり、当然、さまざまなリーダーが登場してくるので、読む者にとってはリーダー論として有用でした。

　先人たちは、こうした古典や歴史書に学ぶことにより、リーダーを目指すためには、まずわが身を正さなければならないことを、いやというほど実感させられてきたのでした。その伝統が今も続いているかは、はなはだ疑問です。

ある頭取の挫折
～命取りになったうすっぺらな耳学問

　かつてさる大手の銀行に、1人の頭取がいました。名前を聞けば、年配の方なら「ああ、あの人か」と、誰でも思い出せるような人物です。

　部下を叱咤し積極経営でそれなりの業績を上げ、一時は「名頭取よ」「世界のバンカーよ」ともてはやされましたが、その後、裏社会への融資やら親族がらみのスキャンダルやらで、責任を問われて、不本意な形で退陣を余儀なくされました。当時は「あの人も晩節を汚したな」などと噂されたものです。

あれほどの人物が、なぜ栄光の座から転落したのでしょうか。後日彼をよく知る人物に「あの頭取はどんな人だったのか」と尋ねてみたことがあります。すると「大銀行の頭取を務めるくらいですから、それはなかなかの人物ですよ。ただ彼の勉強は耳学問で、古典や歴史をじっくりと勉強しなかったですね。これが命取りになったのかもしれません」という返事が返ってきました。「修己治人」の難しさを思い知らされる話です。

　かの『荀子』に、次のような言葉があります。
「原清ければ則ち流れ清く、原濁れば則ち流れ濁る」
　源が澄んでいれば、自然と流れも澄むものだが、源が濁っていれば、流れも当然のことながら濁ってしまう。組織についても同じことがいえます。だから、上に立つ者は率先してわが身を正し、部下に手本を示さなければならないのです。
　これは帝王学の出発点です。昔の心あるリーダーは皆これを目標として自分を磨いてきました。ところが近年、この自覚に欠けているリーダーが増えてきたように思われてなりません。

二
上理おさまりて
下乱るる者はあらず

君主が立派な政治をとっているのに
人民がでたらめであったという話は
聞いたことがない。

二章　率先垂範、わが身を正す

【現代語訳の概要】

体がまっすぐ立っていれば影が曲がって映ることはない

　貞観初年、太宗が側近の者に、「天下の安泰を願うなら、まず己の姿勢を正す必要がある。いまだかつて、体はまっすぐ立っているのに影が曲がって映り、君主が立派な政治をとっているのに人民がでたらめであったという話は聞いたことがない」と語りました。

　そして、身の破滅を招くのは、その者自身の欲望が原因であり、いつも山海の珍味を食し、音楽や女色にふけるなら、欲望の対象は果てしなく広がり、それに要する費用も莫大なものになる。肝心な政治にも身が入らなくなり、結果、人民を苦しみに陥れるだけとなる。それは人民の怨嗟の声となり、やがて反乱を企てる者も現れてくる。だから、自分は極力欲望を抑えるように努めていると続けました。

　魏徴が答えます。かつて楚の荘王が賢人の詹何を招いて政治の要諦を尋ねたところ、詹何は「まず君主が己の姿勢を正すことです」と答えました。荘王が重ねて具体的な方策について尋ねると、「君主が姿勢を正しているのに、国が乱れたことはいまだかつてありません」と答えただけでした。そして太宗の考えと同じだと付け加えました。

その身正しければ令せずして行なわる
～わが身さえ修められない者に天下国家は統治できない

　儒学の核心は「修己治人」の学だといいましたが、つまり、天下国家の経営にあたろうとするなら、まず自分の家を整えなければならない、自分の家を整えようとするなら、まずわが身を修めなければならないということです。逆にいえば、自分の身も修められないようでは、天下国家の経営にあたる資格がないということでもあります。

　孔子も、為政者が自分の姿勢を正しくすれば、命令するまでもなく実行されるし、姿勢が正しくなければ、どんなに命令しても人はついてこないといっています。

　また孔子は、自分の姿勢を正すことができれば、政治をしていくうえで、何も難しいことはない。しかし、自分の姿勢を正すことができなければ、とうてい人を導くことはできないともいっています。

　このように、孔子も「上に立つ者はまずわが身を正せ」と、繰り返し語りかけているのです。

　もちろん為政者が姿勢を正したからといって、それだけで政治がうまくいくわけではありません。政治を軌道に乗せるためには、国の秩序を整え治めるための手腕に磨きをかける必要があります。

政治が信頼を勝ち取るためには、為政者がまず、わが身を正す必要があります。これはまさに政治や経営者の大前提だといえます。

　思うに最近、日本はあまりにも「修身」を軽んじてきたような気がします。なかには「修身」という言葉を聞いただけで、頭から毛嫌いする人もいます。そうした風潮のツケが今になって出てきているように思えてなりません。
　誤解がないようにいうと、「修身」とはもともと上の者やまわりの人たちから、「ああせい」「こうせい」と押しつけられるものではないのです。自分で自分を磨く努力のことです。もし説得力のあるリーダーを目指そうとするのなら、これを怠ってはなりません。

三
流水の清濁は
その源に在り

君主みずから詐術を弄していながら、
臣下にまっとうなことを期待するのは、
どだい無理な話といえる。

二章　率先垂範、わが身を正す

【現代語訳の概要】

源が濁ったままなら、流水が澄むのは期待できない

　貞観初年、上書して、へつらい者を退けるよう進言した者がおり、太宗はその者を召し出して尋ねました。「わたしの任命した者は、いずれ劣らぬ人物ぞろいである。そなたのいうへつらい者とは、いったい誰を指すのか」と。

　対して男は、へつらい者を見つけ出すために、怒ったふりをしてください。その怒りを恐れず直言するのは、信頼するに足る人物で、対して、追従するのはへつらい者にほかなりませんと答えました。

　それに対して太宗は、流水が澄むか濁るかは、源にかかっている。君主と人民の関係を河にたとえれば、君主は源、人民は流水のようなもの。君主がみずから詐術を弄しておきながら、臣下にまっとうなことを期待するのは、ちょうど濁った源をそのままにしておいて流水の澄むのを望むようなもの。どだい無理な話ではないか、と応じました。

　太宗は詐術が多い魏の武帝（曹操）に深い軽蔑の念を抱いていたため、同じようなことを進言する男のことが気に入りませんでした。そこで、太宗は男に向きなおって、自分は人民に対して、

信を重んじることを望んでいる。だから、みずから詐術の見本を示したくない。そなたの策は一応もっともだが採用できないと応じました。

信なくんば立たず
~人民の信頼を失えば、政治そのものが成り立たない

『論語』に有名な政治問答があります。

あるとき、弟子の子貢が政治の課題について尋ねました。孔子が答えます、「食糧を確保すること、軍備を充実させること、そして人民の信頼を得ること、この3つだ」と。

子貢はさらに、やむをえない事情で切り捨てるとすれば、まずどれかと尋ねます。「軍備だ」と答える孔子に、子貢はなおも食い下がり、残りの2つのうち、切り捨てなければならなくなったら、どれになるかと聞きます。孔子はこう語っています。

「食を去らん。古より皆死あり。民、信なくんば立たず」

つまり、食糧です。人間はしょせん死を免れない。それに引きかえ、人民の信頼が失われたのでは、政治そのものが成り立たなくなる、というのです。

この「信なくんば立たず」こそが政治の基本にほかなりません。人民の信頼なくして、政治は成り立たないのです。太宗が自戒したのもこれであり、そのためには率先してわが身を正す必要のあることはいうまでもありません。

曹操の詐術
〜創業の時代はともかく、守成の時代に詐術は許されない

　太宗は、魏の武帝曹操（p.243の「人物評伝」参照）を「詭詐多し」として嫌いました。たとえば、次のような詐術です。

　曹操が漢の宰相、魏王として専権をふるっていた頃、反感を抱いた朝廷の高官たちが兵を挙げ、曹操の代理を務めていた王必の邸に火を放ちました。反乱はあっけなく鎮圧され、関係者は殺されますが、報復はそれだけではすみませんでした。

　腹に据えかねた曹操は、朝廷の高官たちを１人残らず引っ立てて、「事件の夜、火を消しに駆けつけた者は左、そうでない者は右に並べ」と命じました。

　高官たちは火を消した者は無罪になると信じ、全員、左に並びました。そのとたん曹操は、「火消しを手伝った者こそ、まことの賊である」といって、彼らを皆殺しにしたといいます。

　これなども詐術そのもので、騙し討ちのようなものです。殺された人たちは、たぶん心のなかで「なぜだ」と叫んでいたはずです。こういう詐術は、創業の時代ならいざ知ら

二章　率先垂範、わが身を正す

ず、守成の時代ともなれば許されません。太宗が嫌ったのも当然だといえます。

四
君の明らかなる所以の者は、兼聴すればなり

素晴らしい知恵に恵まれていながら、
それをひけらかすことなく、
逆に、まわりの人々の知恵から学ぶ。

二章　率先垂範、わが身を正す

【現代語訳の概要】

明君と暗君の違いは、臣下の意見を聞くかどうか

　貞観2年、太宗が魏徴に「明君と暗君はどこが違うのか」と尋ねました。

　魏徴は、明君の明君たるゆえんは、広く臣下の意見に耳を傾けるところにあり、暗君の暗君たるゆえんは、お気に入りの臣下のいうことしか信じないところにあると答えました。そして、聖天子（伝説上の天子）の堯や舜は、四方の門を開け放って賢者を迎え入れ、広く人々の意見に耳を傾けて、それを政治に活かしました。だから堯舜の治世は、万民にあまねく恩沢が行きわたったのだと説きました。

　これに対し秦の2世皇帝は、宮殿の奥深く起居して臣下を避け、宦官の趙高（p.244の「人物評伝」参照）だけを信頼して、人心が離反しても気づきませんでした。梁の武帝や隋の煬帝も同様に、一部の臣下を信じたばかりに、政治の乱れに気づきませんでした。

　このような例でも明らかなように、君主たる者が臣下の意見に広く耳を傾ければ、一部の側近に目や耳を塞がれることがなく、よく下々の実情を知ることができると、魏徴は続けました。

　その言葉に、太宗は深く頷いたといいます。

舜はそれ大知なるかな
～「兼聴」するか「偏信」するかが明君と暗君の分かれ道

　明君と暗君の違いは、「兼聴」するか「偏信」するかにあるといい、「兼聴」した明君の代表として堯、舜があげられています。2人はともに伝説上の天子であり、その事績は必ずしも定かではありませんが、昔から理想の君主としてあがめられてきました。

　舜が政治に臨んだ姿勢について『中庸』という古典では、おおよそ次のようにまとめています。

①素晴らしい知恵に恵まれていながら、それをひけらかすことなく、逆にまわりの人々の知恵から学ぶように努めた。
②下々のつまらない意見にまで注意深く耳を傾け、そこから教訓を引き出して自分を戒めた。
③他人の悪をあばこうとしなかったばかりでなく、善を見ると、どんな小さな善でも称揚した。
④部下のなかに意見の対立があると、両者を比較検討して妥当なものを採用し、それを政治に適用した。

　注目すべきは②の部分です。今でいえば、役員や幹部だけではなく、たとえば運転手やアルバイトの人にまで意見を求め、自分を戒める参考にしたということでしょう。なるほどこれなら一部の臣下に目をくらまされることなく、

正確に政治の実態を把握することができるかもしれません。

暗き所以の者は偏信すればなり
~イエスマンだけでまわりを固めれば自らの耳目を塞ぐ

明君とは逆に、暗君は一部の臣下を「偏信」することによって身の破滅を招くといいます。次の3人の例がそれにあたります。

秦の2世皇帝胡亥は、もともと趙高という宦官の暗躍によって擁立されたこともあって、初めから趙高のいいなりでした。やがて宮中深く閉じこもって大臣とも会わなくなり、もっぱら趙高とだけ政治の相談をするようになります。結局、趙高の手にかかって殺され、秦は滅んでしまいます。

梁の武帝は、秦の2世のように愚かな皇帝ではなく、1代で繁栄する社会をつくり上げ、南朝の黄金時代を築いたほどの名君でした。しかし、48年に及んだ治世の後半には政治にあきて、小人たちに国政をまかせてしまいます。その代表格が朱异、徐麟、陸験の3人で、当時の人々から「三蠹」（3匹の木食い虫）と称されたといいます。彼らによって目と耳を塞がれた武帝は、やがて反乱軍に王宮を占拠され、寂しく世を去っています。

隋の煬帝も、決して凡庸な皇帝ではありませんでしたが、

大規模な土木工事を次々と興したり、しばしば軍事遠征を強行するなどして国力を消耗し、途中からやる気をなくしてしまったようです。煬帝にとって不幸だったのは、そんなときに死を賭して諫言する臣下がいなかったことです。最初からいなかったわけではありませんが、諫言を嫌い、諫臣を遠ざけてきた結果、虞世基(ぐせいき)のようなイエスマンだけが残ったのです。

　結局、煬帝も反乱の憂き目にあい、部下に寝首をかかれてあえない最期を遂げました。

　この３人に共通しているのは、側近や取り巻きに目や耳を塞がれ、彼らのいうことを信じたばかりに身の破滅を招いたことです。現代のトップもそのあたりをよほど自戒してかかる必要があります。まわりはいつのまにか茶坊主ばかりで、気がついたときには一巻の終わりということになりかねません。

二章　率先垂範、わが身を正す

五
悪を悪みて去る能わず

滅びた原因は、
善を好みながらそれを実行せず、
悪を憎みながらそれを退けられなかったこと。

【現代語訳の概要】

善だと思ったことは、すぐにでも実行する

貞観初年、太宗が王珪と閑談したことがありました。そこに1人の女官が控えていました。彼女は反乱の兵を挙げ敗死した廬江王李瑗の側室で、官に没収されて太宗の後宮に入れられていました。

太宗はその女官を指さしつつ、李瑗という男はふとどきな奴で、横恋慕した女をわがものにするため、その夫を手にかけるほどの悪逆無道をしていた。身を滅ぼすのも当然のことだと、王珪に語りました。王珪は、李瑗の振る舞いを、よいことと思うか悪いことと思うか、太宗に反問しました。当然、太宗は悪いことに決まっていると答えます。

そこで王珪は『管子』の一節を語りました。斉の桓公がかつて滅んだ郭の旧領内に赴いた際、土地の遺老に郭の滅びた原因を尋ねたところ、遺老は「郭の王は、善を喜びながらそれを実行しようとせず、悪を憎みながらそれを退けることができなかった。それが滅びた原因だ」といったのです。

このエピソードの意味するところは、太宗が李瑗の振る舞いを悪だと思うのなら、その女官を用いるのはやめたほうがいいとい

うことであり、それを聞いた太宗は感じ入り、さっそくその女を親族のもとに帰したのでした。

聡明ありと雖も己を恕すれば則ち昏し
～「自分には厳しく、人には寛容に」が人間関係の基本

　中国の古典『小学』に、次のようなことが書かれています。いたって愚かな人間でも、他人を責めるときには、欠点がよく見える。ところが聡明な人物でも、自分の過ちに対しては目が見えなくなってしまうと。

　自分の過ちには気づきにくいのが一般的ですが、太宗は過ちを指摘されてそれに気づくと、すぐに改めたといいます。こちらのほうがむしろ難しいことかもしれません。過ちに気づいても改めようとしない一因は、自分を律する厳しさに欠けている点です。太宗はそういう厳しさを人一倍持っていたに違いありません。

　人間関係の基本は、「自分には厳しく、人には寛容に」だといわれます。中国古典からこの問題について、参考のために３つほど紹介しておきます。

　まず『礼記』という古典です。何か立派なことをした場合は、「それはあの人のしたことだ」と人に功績を譲り、逆に何か不始末をしでかしたときには、「それはわたしのせいだ」と自分で責任をかぶる。そうすれば世の中に争いはなくなるし、人の怨みを買うこともないとあります。

　次は『菜根譚』。人の責任を追及するときには、過失を

指摘しつつ過失のなかった部分を評価する。そうすれば相手も不満を抱かない。自分を反省するときには、成功のなかに過失を探し出すような厳しい態度で臨めば、人間的にもいちだんと成長できるとあります。

　最後は『呻吟語(しんぎんご)』です。人の過ちを聞いて喜ぶより、自分の過ちを聞いて喜んだほうがいい。自分の善を吹聴して楽しむより、人の善を吹聴して楽しんだほうがいいとあります。なかなか深い言葉ではありませんか。

　日本人は反省好きだといわれます。その下地になっているのは「恥を知れ」という武士道の教えなのかもしれませんが、中国古典の教えも影響しているように思えます。いずれにしても、反省することで人間としての進歩や向上が期待できます。反省はどんな人にも望まれることですが、とくに上に立つ者にはこれが欠かせません。太宗も絶えざる反省によってわが身を正したのですから……。

〈三章〉

臣下の諫言に耳を傾ける

国を滅ぼし身の破滅を招くのを防ぐためには、
臣下の諫言に耳を傾ける必要がある。
また、臣下の諫言を引き出すには、
君主の側にも格段の配慮が求められる。

一

情を尽くして
極諫せんことを欲す
きょくかん

部下の諫言を
受け入れられないようでは、
上に対して諫言などできない。

三章 臣下の諫言に耳を傾ける

【現代語訳の概要】

上からの書類に署名して下に流すだけなら誰でもできる

　太宗は臣下がその威厳に尻込みするのを避けるため、必ず顔色をやわらげて相手の意見に耳を傾けました。

　太宗は貞観の初め、重臣たちに「君主が自分の過ちに気づくには、忠臣の諫言が必要で、君主が自分を賢い人間だと思い込めば、過ちを正してくれる臣下はいなくなり、国は危うくなる」と語りました。

　また、貞観3年には、側近の者たちに「わたしの下す詔勅(しょうちょく)に不都合な箇所があれば、遠慮なく議論を尽くすべきなのに、いっこうに諫言してくれる者がいない。ただ詔勅に署名して下に流してやるだけのことなら、どんな人間にだってできる。わたしを恐れて口を閉ざすようなことは許されるものではない」といっています。

　さらに貞観5年には、宰相の房玄齢(ぼうげんれい)らに、「昔から帝王には感情のままに喜んだり怒ったりした者が多い。機嫌のよいときは見境なく賞を与え、怒れば罪のない人間まで殺した。天下の大乱はそれが原因で起こる」。だから、臣下のみんなも「部下の諫言には喜んで耳を傾け、部下の意見が自分の意見と違っても、咎(とが)めだてしてはいけない。部下の諫言を受け入れない者が、上の者に諫言することなどできない」と語っています。

諫言の難しさとは
~君子は君主の信頼を勝ち取って初めて諫言する

　いつの時代でも、君主は臣下に対して生殺与奪の権を握っています。基本的にこの構図に変わりはありません。もしトップが権力を手放せば、ただのお飾りになり、組織に対する抑えがきかなくなります。実権を持っていてこそのトップなのです。

　太宗が臣下に対してしばしば諫言を求めていることは高く評価されていいのですが、トップがどんなに口を酸っぱくして「諫言してほしい」と呼びかけても、なかなか部下はその気にはなりません。

　部下の諫言を引き出すためには、ふだんから組織の風通しをよくしておくこと、そしてトップ自身が部下の意見に喜んで耳を傾ける懐の深い人間であることを示しておく必要があります。部下から見て、親しみの感じられるトップであれば、なおよいでしょう。ただし、臣下もふだんから君主との信頼関係を築いておく必要があります。

　孔子も『論語』で「君子は十分に君主の信頼を得て初めて諫言する。信頼もされていないのに諫言などすれば、あら探しばかりする奴だと誤解されてしまう」と述べていま

す。太宗が臣下に諫言を求め、臣下もそれに応えたのは、ここで述べた前提が実践されていた証しといえそうです。

二
木は縄に従えば則ち正し
じょう

どんな樹木でも、
墨縄に従って製材すれば、
まっすぐな材木が取れる。

【現代語訳の概要】

明君と姦臣、賢臣と暗君という組み合わせに成功はない

　貞観初年に、太宗が側近の者に、「どんな明君でも、姦臣を任用すれば、政治を軌道に乗せることができない。逆に、どんな賢臣でも暗君に仕えれば、これまた政治を軌道に乗せることはできない。君主と臣下の出会いは水と魚のようなもの、両者の呼吸がぴったりと合えば、天下はよく治まる」と語りました。

　そして、自分は至らぬ人間だが、いい臣下がいて過ちを正してくれている。今後とも天下の泰平のために尽力してほしいと続けています。

　対して臣下の王珪(おうけい)が答えます。「どんな樹木でも、墨縄に従って製材すれば、まっすぐな材木が取れるように、君主が臣下の諫言に耳を傾ければ立派な君主となることができます。ゆえに昔の聖天子には、必ず7人もの争臣がいて、諫言が聞き入れられないときは、死をもって諫めました」と。そして、太宗はその意味で、素晴らしい君主だと続けています。

　太宗は、王珪の言葉にいたく感心したといいます。そして以後、宰相が集まって国事を奏上するときには、必ず諫官を立ち会わせてその意見を聞くことにするとともに、虚心になって彼らの意見に耳を傾けたということです。

あなたには争臣がいるか
～「争臣の有無」が名君と暴君の分かれ目となる

　君主に過ちがあると思ったときは、はばかることなく諫言をするのが争臣です。王珪は『孝経』諫争篇の言葉を踏まえて「昔の聖天子には争臣が7人いる」といっています。つまり、国を繁栄させ安定させるために、持つべきは争臣、争友だというのです。

　日本の歴史には、暴君はめったに出てきませんが、中国の歴史にはしばしば登場してきます。その代表格が秦の始皇帝であり、隋の煬帝といったところですが、実は彼らは必ずしも凡庸な人物であったわけではありません。それどころか、能力という点からすれば、実にやり手の人物だったといってよいでしょう。ただし、彼らには争臣がいませんでした。だから、やりたい放題となり、歯止めがかからなかったのです。

　そうすると、争臣の有無もまた名君と暴君の分かれ目になるのかもしれません。

　現代のトップもこれを他山の石として、せめて1人か2人くらいは見所のある争臣を持ちたいものです。

三
臣をして良臣たらしめよ

良臣は世の人々に賞賛され、
君主にも名君の誉れを与える。
そしてともに子々孫々まで繁栄する。

三章 臣下の諫言に耳を傾ける

【現代語訳の概要】

良臣と忠臣には天と地ほどの違いがある

　貞観 6 年、職権を利用して魏徴が親族に便宜をはかっていると上奏した者がいました。さっそく温彦博(おんげんぱく)に調査を命じたところ、事実無根の中傷であることが判明しましたが、温彦博は「しかしながら、人に中傷されること自体が問題であり、魏徴にもそれなりの責任があると思う」と言上(ごんじょう)しました。

　太宗はもっともだと思い、温彦博を通じて魏徴に、次のような戒告を与えました。「そなたはこれまで数百回にもわたってわたしの過ちを正してくれた。このたびのささいな事件は、そなたの功績をいささかも傷つけるものではない。しかしながら今後は、人の疑惑を招かぬよう、言動にいっそうの注意を払ってほしい」と。

　それから数日後、参内した魏徴に、太宗が「朝廷の外で、けしからん事件でも起こっていないか」と聞いたところ、魏徴は、「温彦博を通じて『人の疑惑を招かぬように気をつけよ』とのお言葉を賜りましたが、これこそまことにけしからぬこと」だと応じました。そして、自分は君臣は一心同体の関係にあるとは聞いているが、上辺を取りつくろって「人の疑惑を招かぬようにせよ」などという話は聞いたことがありません。君臣こぞってそのような心がけで政治にあたっているとすれば、わが国の将来も先が見えたといわ

ざるをえないと、続けました。

　それを聞いて居ずまいを正し、「大いに後悔している。すまぬことをした」という太宗に、魏徴は深々と頭を垂れながら、「今後も、ひたすら正道を守って、陛下の負託に応えるつもりですから、わたくしめを忠臣としてではなく、良臣として終わりを全うさせていただきたい」と応じました。

　では、忠臣と良臣は、どう違うのでしょうか。魏徴は「良臣は自分が世の人々に称賛されるだけでなく、君主もまた名君の誉れを得ることができる。そして、子々孫々まで繁栄し続ける。一方の忠臣は、自分が誅殺の憂き目にあうだけでなく、君主も極悪非道な状態になり、国も家も滅びてしまい、ただ『かつて１人の忠臣がいた』という評判だけが残る。そう考えると、良臣と忠臣とでは天と地ほどの違いがある」と述べたのでした。

　太宗はいたく感じ入り、「今の言葉をしかと守ってほしい。わたしも心して国家の安定をはかりたいと思う」と応じました。

諫に五あり
～忠告もほのめかす程度のほうが効果的な場合もある

　魏徴は「忠臣としてではなく、良臣として終わりを全うさせていただきたい」と語っていますが、諫言としてはずいぶん持って回ったいい方です。しかし、激しい言葉で相手を怒らせ、ばっさりとやられたのでは、もとも子もありません。信頼の厚い魏徴でさえ、ときにはこんな表現をしたことに留意する必要があります。

　上司に対する苦言、友人に対する忠告なども、ストレートにずけずけいうだけが能ではありません。相手が自分の過ちに気づいてくれさえすればいいのですから、ほのめかす程度でとどめたほうが説得力を増す場合もあるのです。

　孔子も、諫言には、以下の5つのやり方があると語っています。

　①正面から正論を述べ立てるやり方。

　②へりくだって相手の顔を立てながら述べるやり方。

　③まごころを込めてひたむきに述べるやり方。

　④怒鳴られても愚直にねばり強く述べるやり方。

　⑤それとなく遠回しにほのめかすやり方。

　自分のおかれている情況に応じて、この5つの諫言を使い分けることができれば、最も望ましいのかもしれません。

ちなみに孔子は、自分が諫言するなら⑤を選びたいと語っています。そのほうが、諫言の目的を達しつつ、わが身の危険を避けることができるからです。

自分のおかれている情況を読め
～諫言する際には慎重な情況判断が求められる

諫言の目的を達するには、自分のおかれている情況を読み、相手はどんな人物なのか、自分の立場を考え、まわりの思惑などを配慮してかからなければ、自爆の恐れさえ出てきます。

かつて漢の高祖劉邦(りゅうほう)は、正夫人の呂后(りょこう)との間にもうけた盈(えい)を太子に立てていましたが、晩年に戚という側室に産ませた如意(じょい)を、盈に代えて太子に立てようとしました。いかなる反対にも耳を貸さず、劉邦の気持ちは変わりませんでした。

このとき、太子太傅(たいふ)の職にあった叔孫通(じょそんとう)という儒者が、盈を廃するなら、自分を殺してからにしてくださいと進言しました。

この叔孫通という人物は、初め秦に仕え、2世皇帝の胡亥(がい)を見限って劉邦に仕えるまで、実に十余人の君主に転々として仕えてきたつわものでした。よくいえば、時勢の動

きを見るに敏ですが、悪くいえば、節操のない人物でした。そんな男が、なぜ太子の廃立問題のときにだけ死を賭して諫言したのでしょうか。彼には明確な読みがありました。

　まず、劉邦はなんといっても明君であって、話の筋のわからない人物ではないということです。ですから安心して諫言することができたのでした。

　次に、呂后の勢力は、朝廷の内外において依然として健在でしたから、そんな呂后に恩を売ることができるとも考えたのです。

　第3に、呂后の側には、知謀の張良をはじめとして、そうそうたる重臣がついています。たとえ劉邦の怨みを買ったとしても、彼らが裏から手を回して救出に乗り出してくるはずだと考えたのです。

　叔孫通はこれだけのことを勘案し、どう転んでも、自分には損はないと判断したのだといいます。こうなると、話は少々いやらしくなりますが、諫言するからには、こういった慎重な情況判断も必要になるのです。

四
上書は激切多し

組織の風通しをよくしておけば、
内部告発などという不名誉な事態は
避けられる可能性が高まる。

三章 臣下の諫言に耳を傾ける

【現代語訳の概要】

上書は手厳しくなければ君主の心を動かせない

　貞観8年、陝県の副知事・皇甫徳参という者の上書が、太宗の逆鱗に触れ、「ためにする批判」だとして処罰されそうになりました。

　それを知った魏徴は、漢の賈誼が文帝に上書したときのことを進言しました。その上書も激しく国政を批判していたのです。上書というのは、古来、手厳しいものでなければ、君主の心を動かすことができません。手厳しさは、「ためにする批判」に似ていますが、徳参が「どちらなのか、よくご検討ください」と、進言したのです。

　太宗は対して、「よくぞ申してくれた」と応じたといいます。名君の面目躍如といったところでしょうか。

開かれた王朝を目指して
〜明君は下からの意見を吸い上げることに努める

　上書した皇甫徳参、今日の感覚でいえば、田舎町の助役さんといったところで、地方勤務の下級役人にすぎません。その彼がどんな内容の上書をし、どこが太宗の逆鱗に触れたのでしょうか。

　実は太宗は、この上書を受け取ったとき、重臣たちを前に、「昨日、皇甫徳参なる者が上書して、朕が洛陽で宮殿を造営しているのはみだりに人民を使役するものであり、地租を課しているのは情けもない苛斂誅求であり、民間で高まげが流行しているのは宮中の影響であるから、すぐにでもやめてほしいと申してきた」と述べています。そして、「もしこの者の申すとおりにしたら、1人の人民も使役できなくなるし、地租を課すこともならず、宮女にも1人として高まげを結わせることができなくなってしまう」といい、「この者の申すことは、ためにする批判である」と続けています。

　上書の内容は、政治の現実に疎い、素人談義のようなものだったようです。政治の安定のために腐心する太宗にとっては「親の心、子知らず」のように思われ、腹を立てたのも当然だったのかもしれません。しかし太宗は、魏徴の

言葉を聞き入れて、すぐに皇甫徳参の処分を撤回しただけでなく、中央に呼び寄せて、観察御史という要職に登用しています。

　封建王朝といえば、専制権力で人民を抑圧する政治を連想しがちですが、名君ともなれば組織の風通しをよくして下からの意見を吸い上げることに努めています。

　企業にしても、ふだんから組織の風通しをよくしておけば、内部告発などという不名誉な事態を避けられる可能性も高まるに違いありません。

五
宰相の務め

それがどんな工事であれ、
道理にかなっていれば助けて完成をはかるが、
道理からはずれていれば中止を進言する。

三章　臣下の諫言に耳を傾ける

【現代語訳の概要】

「君が臣を使い、臣が君に仕える」あるべき道とは

　貞観8年、宰相の房玄齢と高士廉の2人が道で営繕担当の竇徳素と出会ったとき、最近、宮中で何か新しい工事でも始めたのかと尋ねました。

　竇徳素がそのことを太宗に報告したところ、太宗はさっそく房玄齢に「自分の担当する国政にだけ留意していればいい」と釘をさしました。

　房玄齢らが拝聴しているなかで魏徴が、「玄齢は宰相であり、陛下にとって最高の顧問ともいうべき立場。どんな工事であれ、知らないではすまされません。その玄齢が担当者に工事の有無を問うただけでお咎めを受けるとは、理解に苦しみます」と進言しました。

　そして、太宗のすることが道理にかなっていれば、それを助けて完成をはかるべきであり、道理にはずれていれば、工事中でも中止を進言すべきだと続け、それこそが「君が臣を使い、臣が君に仕える道」だといいました。

　太宗は魏徴の言葉に、いたく恥じ入ったといいます。

この度はご購読ありがとうございます。アンケートにご協力ください。

```
本のタイトル


```

●ご購入のきっかけは何ですか?(○をお付けください。複数回答可)

　1 タイトル　　　2 著者　　　3 内容・テーマ　　　4 帯のコピー
　5 デザイン　　6 人の勧め　7 インターネット
　8 新聞・雑誌の広告（紙・誌名　　　　　　　　　　　　　　　　　　）
　9 新聞・雑誌の書評や記事（紙・誌名　　　　　　　　　　　　　　）
10 その他（　　　　　　　　　　　　　　　　　　　　　　　　　　　）

●本書を購入した書店をお教えください。

　書店名／　　　　　　　　　　　　　　　（所在地　　　　　　　　　）

●本書のご感想やご意見をお聞かせください。

●最近面白かった本、あるいは座右の一冊があればお教えください。

●今後お読みになりたいテーマや著者など、自由にお書きください。

　　　　　　　　　　　　　　　　　　　　どうもありがとうございました。

郵便はがき

１０２８６４１

```
┌─────────────────┐
│ おそれいりますが │
│   62円切手を    │
│  お貼りください。 │
└─────────────────┘
```

東京都千代田区平河町2-16-1
平河町森タワー13階

プレジデント社

書籍編集部 行

フリガナ		生年（西暦）	
氏　　名			年
		男・女	歳
住　　所	〒　　　　　　　　　　　　　　　　　　　　　　　　　TEL　　　（　　　）		
メールアドレス			
職業または学校名			

　ご記入いただいた個人情報につきましては、アンケート集計、事務連絡や弊社サービスに関するお知らせに利用させていただきます。法令に基づく場合を除き、ご本人の同意を得ることなく他に利用または提供することはありません。個人情報の開示・訂正・削除等についてはお客様相談窓口までお問い合わせください。以上にご同意の上、ご送付ください。
＜お客様相談窓口＞経営企画本部 TEL03-3237-3731
株式会社プレジデント社　個人情報保護管理者　経営企画本部長

諸葛亮の進言
〜諫言する者とされる者の理想的な関係とは

　諸葛亮(しょかつりょう)(p.246の「人物評伝」参照)といえば『三国志』の名参謀で有名ですが、軍を率いて遠征するにあたって、後主劉禅(りゅうぜん)に「出師表(すいしのひょう)」を奉(たてまつ)り、トップの心構えを教えたとされています。そのなかに「宮中と府中は一体となって政治にあたるべきで、賞罰は公平でなければならない。法を犯した者、功績をあげた者の刑賞を明らかにし、公平無私な態度を示し、宮中と府中を差別してはならない」といった一節があります。

　宮中とは皇帝が起居している宮殿のなか、府中とは宰相や大臣が政務をとる場所です。それぞれに職務権限があり、役割分担が決まっていますが、両者が一体となって政治にあたるのが理想だと念を押しているのです。今回の現代語訳で取り上げられている問題はこのことに関連しています。

　太宗は役割分担にこだわり、房玄齢らもそれを了承しました。たしかに太宗のいうことにも一理あるのですが、魏徴は理想論を振りかざしてそれに異を唱えたのです。いいにくいことをあえて直言した魏徴、それに謙虚に耳を傾けて自説を撤回した太宗。このあたりに、諫言する者とされ

三章　臣下の諫言に耳を傾ける

る者の理想的な関係があるといえそうです。
　現代の組織でも同じですが、役割分担を認めつつセクショナリズムに陥る害を避けるためには、ふだんから組織内部の風通しをよくしておく必要があるのです。

六
なぜ沈黙するのか

君主に過ちがあったら、
遠回しに３回諫める。
それでも聞き入れられなければ、
そんな君主には見切りをつけて逃げる。

三章 臣下の諫言に耳を傾ける

【現代語訳の概要】

多くの者が口を閉ざすにはさまざまな理由がある

　貞観15年、太宗が魏徴に「近頃、臣下から意見があがってこないが、どうしてか」と尋ねました。

　魏徴が「陛下は虚心になって臣下の意見に耳を傾けてこられました。どしどし意見を申し述べる者があってしかるべきところです」。しかし、「同じように沈黙を守る場合でも、人それぞれに理由が違っています。意志の弱い者は、心で思っていても、口に出していうことはできません。平素、お側に仕えたことのない者は、信頼のないことを恐れて、めったなことは口にできません。また、地位に恋々としている者は、へたなことを口にしたらせっかくの地位を失うのではないかと、これまた積極的に発言しようとしません。多くの者がひたすら口を閉ざして沈黙を守っているのは、これがためです」と答えました

　対して太宗は、「昔、聖天子の禹が、臣下から道理のある言葉を聞くたび、うやうやしく拝聴したという。わたしはこれからも広く胸襟を開いて諫言に耳を傾けるつもりである。どうかそちたちも、いらぬ心配などしないで、どしどし意見を申し述べてほしい」と応じました。

逆鱗に触れるな
~竜という動物は、馴らせば人が乗れるほどおとなしい

『礼記』に、君主に過ちがあったら、それとなく遠回しに諫める。3回諫めて聞き入れられなかったら、そんな君主には見切りをつけて逃げなさいという一節があります。逃げよとは穏やかではありませんが、そんなダメ君主に仕えていたら、わが身が危ういということでしょう。しかし、君主に過ちがあったら、見て見ぬふりは許されません。気づいたら諫めるのが臣下としての義務です。

ところが、臣下の側には諫言をためらう事情があまりにも多い。だからといって、口をつぐんでいては、臣下の務めが果たせません。では、どうすればいいのでしょうか。

そこで参考にしたいのが『韓非子』のアドバイスです。彼はまず進言の難しさについて、こう語りかけます。「君主を説得するのは難しい。それは自分が十分な知識を身につけたり、意見を淀みなく論じたり、いいたいことを残らずいいきってしまうことの難しさでもない。その難しさとは、相手の心を読み取ったうえで、それにこちらの意見をあてはめる難しさである」と。

具体的に『韓非子』は例をあげています。

「相手が名声をほしがっている君主だとする。そんな相手

に向かって利益をあげる方法を説いたら、心根の卑しい奴に辱められたとして、相手にされないに決まっている。逆に、相手が利益のことしか念頭にない君主だとする。そんな相手に名声をあげる心得を説いたら、気のきかない役立たずだとして、見向きもされないに決まっている」と。

また「表向きは名声を欲しがっているふりをしながら、実際は利益のことしか念頭にない君主だとする。そんな相手に名声をあげる心得を説いたら、形だけは登用されるかもしれないが、実際は嫌われるのがオチだ。そうかといって、利益をあげる方法を説いたら、意見だけ盗用されて、後は知らぬ顔ということになりかねない」と続けています。『韓非子』は、こんな進言の心得をいくつもあげた後で、最後に、「竜という動物は、馴らせば人が乗れるほどおとなしい。だが、喉の下に直径一尺ほどの鱗が逆に生えていて、これに触れようものなら、必ず人を嚙み殺す。君主にもこの逆鱗がある。これに触れないように話すのが説得のコツである」と、念を押しています。

これを諫言に取り入れた場合、へつらいとかおべっかに限りなく近いものになるかもしれません。しかし、自分のいいたいことを相手に伝えられればいいのであって、これ

も立派な諫言なのです。諫言を活かすも殺すも、受ける側の姿勢次第。諫言をする側の心中を十分に察し、謙虚に耳を傾けたいものです。

三章 臣下の諫言に耳を傾ける

七
諍臣（そうしん）は必ずその漸（ぜん）を諫（いさ）む

問題もこじれてしまうと、
どんな知恵者でも解決は難しい。
こじれる前に手を打つのが、解決のコツ。

【現代語訳の概要】

争臣は必ずまだ解決可能な初期の段階で苦言を呈する

　貞観17年、太宗が褚遂良(ちょすいりょう)に尋ねました。「昔、舜が漆器をつくったときも、禹が供物用の台に彫刻をほどこしたときも、諫める者が10人以上もいたというが、たかが食器類のことで、そんな諫言など必要ないと思うが、そなたはどう考えるか」と。

　対して遂良が「彫刻に凝れば農事がおろそかになり、織物に凝れば、それだけ女どもに負担がかかります。奢侈(しゃし)に走るのは滅亡を招くもとです。漆器ならまだしも、いつしか金、ついには玉で食器をつくるようになりかねません。ですから争臣は必ず初期の段階で苦言を呈し、末期になると、あえて諫めたりはしません」と答えました。

　そして太宗は、「もっともな話だが、もしわたしに不都合なことがあれば、初期であろうと、末期であろうと、遠慮なく苦言を呈してほしい。先人の記録を読んでいると、臣下の諫めに対し、『今さらやめることはできない』とか『すでに許可を与えてしまった』と聞き流して、改めようとしない話がよく出てくる。君主がこんな態度を取っていたのでは、あっというまに国を滅ぼしてしまうだろう」と、応じたのでした。

贅沢に歯止めをかける
~小事を放っておくと、やがて大事に発展してしまう

　よく「大事は皆小事より起こる」といわれます。小事だからと放っておくと、いつのまにか大事に発展して、手の打ちようがなくなってしまいます。問題もこじれてしまうと、どんな知恵者が出てきても、解決が難しくなるので、こじれる前に手を打つのが、解決のコツというわけです。

　贅沢にしても、「これくらいはいいだろう」と思っているうちに歯止めがかからなくなり、後戻りがきかなくなります。庶民でさえそうなのですから、まして権力者の場合はなおさらです。その結果、身を滅ぼすことにもなりかねないのです。

　その昔、殷の紂王が初めて象牙の箸をつくったとき、箕子という重臣が「象牙の箸の次は玉の杯、玉の杯の次はもっと珍しい宝が欲しくなる。さらには乗物を飾り、宮殿を飾り、止めるすべがなくなるに違いない」といって嘆きました。

　箕子は何度も諫めましたが、紂王は耳を貸さず、贅沢はますますエスカレートし、そのあげく人民の怨みを買って身を滅ぼし、国まで滅ぼしてしまいました。

〈四章〉

人材を育成し、登用し、活用する

『韓非子(かんぴし)』によれば、自分の能力のみで仕事をするのは「下君」、
配下に人材を集め、知恵を借りて仕事をするのが「上君」だという。
太宗はまぎれもなく後者であった。

一
賞、その親に私せず

獲物を追って仕留めるのは犬の手柄だが、
その犬の綱を解いて
指図するのは人間の手柄による。

【現代語訳の概要】

論功行賞を適正に行なえば組織に規律が生まれる

　貞観初年、太宗は3人の重臣をそれぞれ国王に奉じ、勲功第1等に認定して食邑1300戸を与えました。これに対し、太宗の叔父にあたる淮安王神通が先帝とともに先頭に立って戦い、敵を撃破したのは自分なのに、論功行賞は不公平ではないかと、不満をあらわにしました。

　それに対して太宗は、「賞と罰は国家の重大事。功ある者を賞し、罪ある者を罰することが適正に行なわれなければ、功のない者、悪をなす者はいなくなる」。だから、賞罰はあくまでも慎重に行なわなければならないと答えました。

　例として、いつも後方で天下平定の策を立て、その策によって天下を取らせ、功績第1位に認定された、漢の高祖に仕えた蕭何の話をしました。そして3人の重臣も同様の働きをしたと述べたのです。

　そして「叔父上は最も近い血縁だから、希望どおり何でも差し上げたいくらいだ。しかし、近い血縁だからといって、みだりに功臣と恩賞を同じくするわけにはいかない」と続けました。

　これを聞いて功臣たちは、「陛下はこのうえなく公平で、親族といえども、えこひいきしなかった。われらもめったなことで不平を鳴

四章　人材を育成し、登用し、活用する

らしてはいけない」と語り合ったといいます。
　先帝は皇族の籍に連なる者を調べ出し、兄弟や甥、いとこやはとこなど、幼児に至るまで王に封じ、その数が何十人にも達していました。そこで太宗は「そのようなことが許されるのなら、皇族の者だけがよい思いをすることになる」と述べ、先に郡王に封じられた皇族のなかで、その後格別の功績のない者は、全員、県公に格下げしました。

業績の評価をどうするのか
~成果主義を採用しても、評価法が不透明では意味がない

　論功行賞、つまり業績の評価は難しいものです。劉邦が項羽を破って天下を平定した後、論功行賞を行なおうとしましたが、功臣たちがそれぞれに自分の功績を主張して紛糾し、１年たっても決着がつきませんでした。そこで劉邦は、「最高の功績があったのは蕭何だ」として、彼に最大の封地を与えました。

　ほかの功臣たちは、「自分たちは体を張って第一線に立ち、多い者は百数十回の戦闘に参加、少ない者でも数十回は戦ってきた」「蕭何は戦場を走り回ることもなく、机に座って書類づくりをしていただけ。それがわれわれより功績が上とは考えられない」と、一斉に不平を鳴らしました。

　そこで劉邦は、「お前たちは狩りというものを知っているか」と語りかけ、次のように続けました。
「狩りをするとき、獲物を追って仕留めるのは犬だが、その犬の綱を解いて指図するのは人だ。いわばお前たちは逃げ回る獲物を仕留めただけのことで、手柄といっても犬の手柄だ。一方、蕭何はお前たちの綱を解いて指図したわけで、つまりは人間の手柄である。それだけではない。お前たちはその身ひとつ、多い者でもせいぜい３人程度でわし

四章　人材を育成し、登用し、活用する

についてきただけだが、蕭何は、一族をあげて数十人を戦場へ送り出してきた。その功績も無視できない」

　これを聞いて、功臣たちは黙ってしまったといいます。太宗ももちろんこの話を知っていて、叔父を説得する材料に使ったのです。

　近年、企業社会でも、成果主義を採り入れるところが増えていますが、これの難しいところは、功績をどう評価するかという点です。公平性が担保されなければ、大方の納得が得られませんし、いたずらに不満のタネを残すことにもなりかねません。

二
吾が心は秤の如し
<small>はかり</small>

公平を欠くような人事を行なえば、
長く不満が残り、
いつまでも融和が得られない。

四章　人材を育成し、登用し、活用する

【現代語訳の概要】

人材を登用するのは、ひとえに人民の生活安定のため

　太宗が皇帝の位についてまもない頃、宰相の房玄齢が「まだ官職についていない秦王時代の部下の者が、前の太子や斉王に仕えていた連中のほうが、自分たちより先に官職についていると不満をいい立てているが、どうしましょう」と奏上しました。

　それに対し太宗が、「万民に君たる者は、天下を公器とみなし、一片の私心も抱いてはならない。諸葛孔明は小国の宰相にすぎなかったが、その彼ですら、『わたしの心は秤のようなものである。相手によって手加減はしない』と語っている。まして大国を治めている今のわたしとしては、孔明以上に公平でなければならない」と語り、「われらの衣食はすべて人民に依存しており、人民はすでに十分尽くしている。だが、われわれの恩沢はまだ下々の者にまで及んでいない。今、人材の登用をはかっているのは、人民の生活の安定をはかるためである」と述べました。

　そして「その人材の登用にしても、問題は職責に耐えられるかどうかであって、新参、古参の違いは問題ではない。人間というのは、初対面の相手でも親しくつき合えるのだから、昔からの部下のことを忘れることなどできない。かといって、職責に耐えられない人間を、古参だからという理由だけで、優先的に登用するこ

とはできない。自分の能力を棚に上げて、怨み言を並べているとすれば、もってのほかのことだ」と続けました。

四章　人材を育成し、登用し、活用する

古参と新参をどう処遇するか
~登用の原則はあくまでも人物本位で、公平を旨とする

　太宗はもともと唐王朝の跡目を継ぐ立場ではありませんでした。父の高祖李淵が長安で唐王朝を興したとき、太子には長男の建成が立てられ、弟の世民は秦王に封じられています。本来は太子の建成が２代目の座につくはずでした。ところが、世民の声望が高まるにつれて不安を強めた建成は、下の弟の斉王元吉と語らって、世民を亡きものにしようと画策するようになります。

　機先を制したのは秦王府の腹心たちでした。参内してくる建成と元吉を玄武門に待ち受けて殺害したのです。これが「玄武門の変」です。世民がどの程度関与していたのか明らかではありませんが、少なくとも暗黙の了解ぐらいは与えていたのではないかと思われます。

　太宗の政権は、兄弟殺しといういまわしい事件の上に成立しましたが、王朝内部に怨念や亀裂といったものを残しませんでした。その理由の１つが、その後の人材登用が公平無私だった点にあるといわれています。

　太宗は２代目の座についたとき、秦王府時代からの腹心であった房玄齢、杜如晦、長孫無忌らを宰相、大臣に起用して、政権の中枢を固めました。これは当然のことですが、

秦王府時代のスタッフだけでは、とても大帝国をきりもりすることはできません。そこで広く人材を求めて要職に登用しました。

なかでも注目すべきは、あれほど激しく反目した建成や元吉の旧部下であっても、一角(ひとかど)の人物であれば、積極的に政権内部に取り込んだことです。たとえば、太宗の争臣として重きをなした魏徴や王珪は、いずれも建成の旧腹心でした。そして登用の原則は、あくまで人物本位を目指し公平を旨としました。これが太宗政権の威信を高めたことはいうまでもありません。

近年、人材の流動化現象は激しくなるばかりです。それにつれて企業の合併、吸収劇も盛んに行なわれてきました。これが成功するかどうか、鍵となるのが人事です。もし公平を欠くような人事を行なえば、長く不満が残り、いつまでたっても社内の融和が得られません。そういう点でも、公平を心がけた太宗に見習ってほしいところです。

四章　人材を育成し、登用し、活用する

三
何の代にか賢なからん

どんな時代にも、
優れた人材はいるはずだ。
ただそれに気づかないだけのことだ。

【現代語訳の概要】

人材は他の時代から借りてくるわけにはいかない

　貞観2年、太宗が宰相の封徳彝に、「政治の安定には、人材の確保が先決。優れた人材を推挙するように命じてきたが、まだ1人も推薦してこない。天下の政治は一刻もゆるがせにできない重大事。どうかその苦労をそなたに分かち合ってほしい」と語りかけました。

　それに対して封徳彝は、「自分も期待に応えるべく精一杯努めているつもりですが、なにぶんにも今の時代、これといった人材を見出すことができません」と答えました。

　すると太宗は、「古来、名君はそれぞれの器量に応じて人材を使った。しかも当代の人間を登用したのであって、他の時代から借りてきたわけではない。殷の高宗が夢のお告げで傅説を見出したとか、周の文王が渭水のほとりで太公望に出会ったとか、そんな話に期待して悠長にかまえていることは許されない。どんな時代にも、優れた人材はいるはずだ。ただわれらのほうがそれに気づかないだけのことではないのか」と応じたといいます。それを聞いた封徳彝は、恥じ入って顔を赤らめ退出したとか。

日本と中国の違い
～外から招いた個性豊かな人材を使いこなすのは難しい

　優れた人材を養成し、いかに登用して活用するかは、国や組織にとって死活問題です。太宗も、人材の招致にはきわめて熱心でした。ただし、ここで留意しておきたいことが1つあります。それはほかでもない、人材の確保のしかたが、日本と中国とでは大きく違うということです。

　日本は昔から教育熱心な国でした。江戸時代の後半には、各藩とも深刻な財政難に陥り、藩政改革が焦眉の問題として浮上してきます。これを克服するには人材の育成が急務だとして、乏しい財政をやりくりしつつ、「藩校」を設けて人材の養成にあたりました。ここで養成された人材が、やがて明治をつくり、日本の近代化を担ったのです。

　明治になると全国津々浦々に小学校を建てて初等教育の普及をはかり、政府も各地に大学や専門学校をつくって教育の底上げを目指しました。国内だけでなく、台湾、朝鮮、満洲へ出て行ったときも、まっ先にしたことの1つが、学校をつくり教育を普及させることでした。これは日本ならではの優れた伝統といっていいでしょう。

　この伝統は企業社会にも受け継がれ、大企業から中堅ク

ラスの企業に至るまで、自前の研修所をつくって社員の研修に力を入れ、人材の養成に努めてきました。その社員たちが経済の第一線に立ち、海外にまで展開して、日本の経済成長を支えてきました。日本の場合、その層がきわめて厚いのです。

　ただし、このやり方には問題もあります。まわりが手取り足取り面倒を見過ぎることから、社員を型にはめてしまいがちになり、有能であってもその反面、少々個性に乏しい人材が生み出される結果となっている点です。

　中国はどうかといえば、人材の養成の点では、ほったらかしに近いものでした。昔も今も同じです。国や政府もあまり人材養成に熱心ではなかったし、まして企業が自前の研修所をつくって人材の養成にあたっている例などめったにありません。そのかわり、できあがった人材の招致……現代風にいえば、引き抜きやスカウトにはきわめて熱心です。太宗にしても、人材の招致には積極的ですが、自前で養成しようという配慮はほとんど感じられません。

　使う側からすれば、自前で養成した子飼いの部下を使いこなすのはやさしいが、外から招いた個性豊かな面々を使いこなすのは難しいものです。ゆえに使う側にも格段の力

量が求められました。その結果、使いものにならない層が圧倒的に多くなるものの、反面、数こそ多くはないが、スケールの大きい個性豊かな人材を輩出することになりました。

四
才行俱に兼ぬるを須ちて、始めて任用すべし

ボロをまとって
渭水のほとりで釣りをしていた
太公望のような人物が今もいる。

四章　人材を育成し、登用し、活用する

【現代語訳の概要】

泰平の時代には能力・人格ともに備えた人物を登用する

　貞観6年、太宗は、「王たる者は、その地位にふさわしい人材を登用すべきである。だから、人選は慎重に行なわなければならないと古人がいっているが、自分の行動や発言は天下の人々の注目を集めている。立派な人物を登用すれば人材は自然に集まってくるし、それとは逆に悪人を登用するようなことがあれば、くだらぬ人間ばかり集まってくるだろう」と、魏徴に語りました。

　また、信賞必罰を徹底すれば、功績のない者は姿を消し、悪事をなす者どもは震え上がって、みずから戒めるだろう。だから自分は、賞罰の適用や人材の登用には慎重を期していると続けました。

　それに対して魏徴は、「古人は、官吏の任免に際してはその業績を査定して、適不適を判断しました。今、人材を求めようとするなら、事こまかに調査する必要があります。

　立派な人物であることを確認して登用すれば、たとえ仕事はできなくても、単に能力不足というだけで、大きな害にはなりません。ところが、悪人を登用するようなことになれば、はかり知れない害毒を流すことになります。乱世ならともかく、今のような泰平

の時代には、能力、人格ともに兼ね備えた人物を登用しなければなりません」と、答えました。

能力か、徳か
～名君はしかるべき人材の補佐を受けて天下を治める

　人材としての要件を満たす人物は、能力と徳の2つを持っている。つまり、仕事ができて人柄も信頼できるということです。

　では、能力と徳のどちらが優先されるのでしょうか。魏徴もいっているように、その時代により異なってきます。

　曹操は『三国志』の英雄で、裸一貫で乱世のなかに飛び出し、次々と群雄をなぎ倒して、最大の勢力を築きました。それだけ抜群の能力に恵まれていたのです。

　こういうタイプは自信過剰に陥り、自分の能力だけで仕事をしがちですが、曹操は人材を集めることを好み、しばしば布告を発して人材の推挙を求めています。

　たとえば、「昔から、創業の君主にしても中興の君主にしても、皆しかるべき人材の補佐を受けて天下を治めたのである。その人材であるが、こちらから出向いていかなければ、見出すことができない」とか「素晴らしい才能を持っていながら、ボロをまとって渭水のほとりで釣りをしていた太公望のような人物がいるに違いない。また、兄嫁と密通したり賄賂を受け取ったりしながら、やがて劉邦に仕えて手腕を発揮した陳平のような人物もいるに違いない」

というように、広く人材を求めました。

　また、別の布告では、「優れた能力に恵まれながら、民間に埋もれている者がいるはずである。たとえば、敵とぶつかっても後ろを見せず、力の限り戦ってくれる勇敢な者。下級の文書係に甘んじていても、素晴らしい手腕に恵まれていて、将軍や長官としても十分務まる者。あるいは不名誉な評判を立てられて世間の物笑いになったり、不仁不孝でありながら、政治や軍事の手腕にたけている者。こんな人材がいるに違いない。そんな人物を知っているなら必ず推挙し、１人も取り逃すことのないようにしたい」と、呼びかけています。

　人格や身分などはどうでもよく、いわくつきの人間であっても、仕事さえできればいいというわけです。徹底した能力本位の人材観ですが、曹操の生きたのは動乱の時代だったことに留意する必要があります。そんな時代に欲しいのは、仕事師であり、やり手の人間です。曹操でなくとも同じようなことを考えたに違いありません。

　魏徴もそれに認めています。しかし、「今は泰平の時代であるから、能力と人格を兼ね備えた人材が欲しい」のです。こちらのほうが人材登用の王道であることはいうまでもありません。

五
政を為すの要は
人を得るに在り

現代人も本質的には
先人と同じような苦労を
営々と繰り返している。

【現代語訳の概要】

人材登用の際には徳行と学識の2つを手本とする

　貞観2年、太宗が、「政治の要諦は人を得ることであり、資質に欠けた者を登用すれば、必ず政治を混乱させてしまう。人材を登用する際には、徳行と学識の2つを基本とすべきである」と、側近の者に語りました。

　側近の1人の王珪（おうけい）が、「学問がなければ、先人の言行を知ることができず、国政の重責を果たすこともできません」と答えました。そして、漢の昭帝（しょうてい）のときのエピソードを語りました。

　あるとき「われこそは衛太子なり」と名乗る男が現れました。衛太子とは先帝の不興を買って自害したはずの人物です。男のまわりは数万人もの見物人で大騒ぎになり、人々は「どうしたものか」ととまどうばかりでした。そこに都の長官の雋不疑（しゅんふぎ）が駆けつけ、男を引っ捕らえて投獄しました。彼によれば、その処理は春秋時代に起こったある有名な事件の先例にならったということでした。

　昭帝はこの措置に、「大臣宰相には、学問があり歴史によく通じている者を登用しなければならない」と、いたく感心したということです。このような人物こそ得がたい人材だという王珪に、太宗は「まことにそなたの申すとおりだ」と応じました。

学識も必要になる
～学問とは先人の言行に学ぶためのもの

　一角(ひとかど)の人材を目指すのなら、能力と徳に加えて、ある程度の学識も必要になります。無学、無教養では困るし、無知では話になりません。では、なぜ学問なのでしょうか。ここで強調されているのは「前言往行を識る」、つまり先人の言行に学ぶことであり、そのための学問なのです。「前言往行を識る」ためには当然、古典や歴史を学ぶ必要があります。古典は多くの本が現れ消えていくなかで生き残ってきたものです。なかでも『論語』『孫子』『老子』『韓非子』などの中国古典は、2000年以上も前に書かれたものですが、今日まで連綿と読み継がれています。こうした古典にまとめられていることは人間学やリーダー学の基本原則であり、どんな時代であっても参考になります。

　また、現代人は、先人たちとは違った格別な苦労を強いられているように思いがちですが、これは錯覚以外のなにものでもありません。本質的には同じような苦労を、先人たちも営々と繰り返してきたのです。たとえば、部下にやる気になって頑張ってもらうにはどうすればいいのかといった問題は、今に始まったことではありません。そうした先人の苦労を記録したのが歴史の本です。記録から多くの

ケースを学ぶことで、現代を生きるための知恵を身につけるとともに、歴史感覚を磨くこともできるはずです。歴史の本が昔からリーダーの必読書とされてきたのは、そういう理由にほかなりません。

かつて日本のリーダーも、しかるべき人物は古典や歴史の素養を十分身につけていました。現代のリーダーがどこか軽薄で頼りなく見えるのは、1つにはそういう基本的な教養を欠いていることも背景にあるのかもしれません。

机上の兵法は困る
〜学問や教養は実践に役立つものでなければならない

リーダーには学問や教養が必要ですが、ただのお飾りではなく、実践に役立つものでなければなりません。知識のための知識やおしゃべりなら、学者や評論家に任せておけばよいのです。リーダーにとっては、あくまでも自分を磨き、政治や経営に活用できる学問であり、教養であることが望ましいのです。つまり机上の空論など何の役にも立たないということです。

それに関連して、趙の国に趙奢という将軍とその息子の趙括について、p.245の「人物評伝」で紹介しておきましたので、参考にしてください。

六
内挙には親を避けず、外挙には讎を避けず

人材の登用に際しては、
その地位にふさわしい人物であれば、
身内でも仇敵（讎）でもかまわない。

【現代語訳の概要】

優れた人物であれば、誰を登用してもよい

　貞観初年、太宗が側近の者に、「わたしは今、なんとしても人材を探し出して政治の安定をはかりたいと思い、優れた人物がいると聞けば、すぐさま抜擢・登用をしている。ところが、口さがない者どもは、『近頃登用されている連中は、いずれもご重臣方の縁故によるものだ』と語っているという。どうかそちたちは、なにごとも公平を旨とし、このような批判があるからといって、推挙をためらわないでほしい」と語りました。

　そして「古人も、親しい身内だからといって推挙をためらってはならない。ふだん仇敵のように嫌っている相手でも推挙をためらってはならないと語っている」と述べ、どんな間柄であっても、優れた人材であれば誰でもかまわない。「どうか、これぞと思う相手がいたら、自分の子弟であろうと仇敵であろうと、遠慮なく推挙してほしい」と続けました。

四章　人材を育成し、登用し、活用する

えこひいきは許されない
～お気に入りだけを登用していては組織は停滞する

　組織をあずかる長なら、「人事は公平であれ」「えこひいきはするな」といったことは、誰でも心得ていることです。しかし、人情のしがらみにとらわれてしまうと、ついこれを破ってしまうのが現実ともいえそうです。

　人材登用の原則として昔からよく引かれてきたのが、「内挙には親を避けず、外挙には讎（かたき）を避けず」という言葉です。「内挙」とは身内から登用することで、「外挙」とは他人を登用することです。つまり、人材の登用に際しては、その地位にふさわしい人物であれば、親しい身内でもかまわない、ふだん仇のように嫌っている相手でもためらってはならないといっています。これが本当の公平原則だというのです。

　日本の場合、「内挙」はあまり目立ちませんが、問題があるとすれば「外挙」でしょう。ややもすれば嫌っている相手は遠ざけ、お気に入りだけを登用したくなるものですが、これをやっていては、必ず組織の沈滞を招きます。長期政権ともなれば、その弊害はいよいよ深刻になってしまいます。

昔から名リーダーと呼ばれた人たちは、誰もがそのあたりのツボを心得ていて、公平な姿勢を貫こうとしました。たとえば、その点で『三国志』の諸葛亮孔明は有名です。p.246の「人物評伝」を参考にしてください。

七
その長を用いずして
その短を見る

仕事のできる
やり手の人物というのは、
一般的に欠点もあり癖が多いものだ。

【現代語訳の概要】

短所だけでなく長所にも目を向ける

　貞観11年、担当の役所から、役人の凌敬(りょうけい)が人から金品を借り受けるなどの素行が過ぎるとの上奏がありました。そこで太宗は魏徴らに向かって、「とんでもない人間を推薦してくれたものだ」と苦情を述べました。

　魏徴が次のように答えました。
「推薦の際には、その人物の長所と短所を詳しく述べています。凌敬についていえば、長所は学識がありよく諫言すること、短所は生活が派手で金銭をむさぼることだと申し上げたはずです。近頃、彼は頼まれて碑文をつくったり、『漢書』の講読をしたりして、人から謝礼を受け取っています。長所についてはまだ発揮されていません。しかし、長所には目を向けず、短所だけを見て、推薦したことを非難されることには、承服できません」

　それを聞いて、太宗は「よくわかった」といって頷きました。

四章　人材を育成し、登用し、活用する

長ずる所を貴ぶ
～人材をどう使いこなすかで、トップの力量がわかる

　先にも述べたように、人材の条件としては、能力と徳を兼ね備えていて、仕事もできるうえに人柄もいいというのが理想です。しかし、現実には、こういう理想の人材はそれほど多くはいません。

　人間は誰でも長所と短所をあわせ持っているのが普通で、欠点のない人間などいません。とくに、仕事のできるやり手の人物というのは、欠点もあり、癖も多いのが一般的な傾向でしょう。ここに登場してくる凌敬なども、さしずめそんな人物の１人だったに違いありません。現実には、こういうタイプの人材が多いものです。

　しかし、短所にばかり目を奪われて、嫌ったり遠ざけたりしたのでは、人材活用の面からすればもったいない限りです。目の前の人材をどう使いこなすか、それによってトップの器量が問われていることを忘れてはなりません。

　そういう意味で参考にしたいのが、『三国志』の孫権のやり方です。p.246の「人物評伝」を参照いただければ、その力量のほどをおわかりいただけることと思います。

八
都督、刺史は
須らく人を得べし

エリートコースばかり
歩いてきた温室育ちでは、
いざというとき役に立たないことがある。

【現代語訳の概要】

目の届かない地方の責任者には優れた人物を登用する

　貞観2年、太宗が側近の者に、「人民の生活に思いをはせ、夜中過ぎになっても寝つかれないことがある」と語りました。理由として、自分が任命した現地の司令官や州の長官たちが、人民のことに気を配ってくれているかどうか、心配でならないからだというのです。

　そのため、屏風の上に彼らの姓名を記録し、寝起きのたびにそれを見て、「何か善政を行なったという報告があれば、姓名の下に詳しくその事実を書き記しておく」のが日課だというのです。

　そして、「自分は奥深い宮殿のなかに住んでいるので、遠い地方のことにまでは、なかなか目が行き届かない。そこで地方のことは彼らに委任している。そう考えてみると、天下の治乱は彼らの肩にかかっているといえる。だから地方の責任者には、とりわけ優れた人材を起用しなければならない」と続けました。

現地の責任者を重視せよ
～地方長官の存在は、朝廷にとって目や耳のようなもの

　中国は広く、地方に住む人々にとって朝廷や天子というのは、雲の上の存在であって、ふだん意識することはほとんどありません。彼らの生活とかかわっているのは地方の政府であり、そこを治めている長官です。だから、朝廷や中央政府の政治が人民の支持を取りつけることができるかどうかは、地方長官の施政いかんにかかっています。

　朝廷は直接地方を治めてはいないので、地方の実情を把握するには、地方長官に頼らざるをえません。彼らからの報告が重要な情報源なので、もしその報告に嘘偽りがあれば、朝廷の施策も当然、的はずれのものになってしまいます。その意味で、地方長官の存在は、朝廷にとって目や耳の役割も果たしているのです。だから、地方長官の人選は慎重にすべきであり、しかも一級の人材を投入しなければならないのです。

　この一級の人材というのは、世界に進出して各地に生産や営業の拠点を持っている現代の企業でいえば、さしずめ、拠点の責任者である工場長や営業所長ということになるかもしれません。単に物をつくって売るところではなく、企業にとって必要な情報を収集する第一線でもあることを自

覚している人材といえましょう。
　将来の幹部候補は必ず第一線の現場に投入して苦労させたほうがいいでしょう。エリートコースばかり歩いてきた温室育ちでは、いざというとき役に立たない恐れがあります。現場での苦労こそが人間を磨いてくれるのです。

九
自己推薦制は是か否か

人を見る眼がなければ、
せっかくの人材を取り逃がし、
似て非なる人材をつかんでしまう。

四章　人材を育成し、登用し、活用する

【現代語訳の概要】

自分を知ることは至難の業なので自己推薦制はやめる

　貞観13年、太宗が側近の者に、泰平の後には大乱が起こり、大乱の後には泰平が来るといわれるが、大乱の後を受けた現代は、まさしく泰平の時代。こういう時代に天下の政治を安定させるには、まず賢才の登用をはからなければならない。ところが、誰もいっこうに推薦してこない。自分の目の届く範囲にも限度があるから、いつまでたっても賢才を手に入れられない。そこで人材の登用にあたっては、自己推薦制を採用したいと思うが、どうだろうか、と尋ねました。

　魏徴が「人を知る者は智者、己を知る者こそ明知の人である」という古人の言葉をひいて、「人を知ることも容易ではないのだから、自分を知ることは至難の業です」と答えました。そして、世間の愚かな者どもは、とかく自分の能力を鼻にかけ、過大な自己評価に陥っているもので、そういう連中が「おれが、おれが」と、しゃしゃり出てくるに違いありません。ですから、「自己推薦制はおやめになったほうがいいでしょう」といいきりました。

人を見る眼を磨きたい
〜人を見る眼を磨くのも、リーダーに必要な条件の１つ

　人材を登用する際、自薦がいいのか他薦がいいのかは、古くて新しい問題です。それぞれ一長一短があり決めかねるところですが、登用の門戸を広く開いておくという意味では、両者の併用も考えられます。

　どちらの方法を採用するにしても、必要になるのが人を見る眼です。その眼を持たなかったら、せっかくの人材を取り逃がしたり、似て非なる人材をつかんでしまったり、後で後悔する羽目になりかねません。ゆえに人を見る眼を常に磨くことも、トップやリーダーにとっては必要な条件の１つになります。

　いくつもの中国古典が人物鑑定法を取り上げています。参考までに紹介しておくと、人を見る手がかりは次の３つだといいます。

　第１は、顔つき。いい加減なことばかりしてきた者は、顔つきにもそれが現れてくるということでしょう。第２は、発言。中身のない人間は、埒もないことをぺらぺらしゃべるということでしょうか。

　この２つだけでは心もとないので、最後の第３の決め手は、行動です。今何をしているのか、さらにさかのぼって、

四章　人材を育成し、登用し、活用する

今までどういうことをしてきたのかということです。そこまで調べて対応すれば、大きな見損じは生じないというのです。

　もちろん、これはあくまでも原則にすぎません。原則を理解しただけで自分の目が磨かれるわけではなく、後はこの原則に則って、毎日の仕事のなかで、ときには見損じの失敗をしたりしながら、経験を積みつつ磨いていくよりないのです。

2つの人物鑑定法
~動機や目的まで観察すれば、人間の本性がわかる

　人を見る決め手になるのは、その人の行動だといいましたが、行動にもいろいろあります。一歩踏み込んで、行動のどこを見るかについて触れた鑑定法を紹介しておきます。

　まずは孔子の『論語』のなかに、「人を見るのに、現在の行動を観察するばかりでなく、その動機は何か、また目的は何か、そこまで突っ込んで観察すれば、どんな人間でも本性を隠しきれなくなる」とあります。たしかに動機や目的まで踏み込むことができれば、いっそう鮮明に相手の人物像を把握することができるかもしれません。

また、魏の文侯に示した李克の人物鑑定法も有名です。これについては、p.247の「人物評伝」を参考にしてください。

〈五章〉

明君と暗君とを分かつもの

愚かであっては暴君になどなれない。
名君と暴君の違いは自己コントロールの有無。
わがまま勝手を抑制し、「忍」を貫くのが名君の条件といえる。

一
高殿の造営を許さず

死んだ後に
余分な財産を残さなかったことが、
その人物の清廉性の証明となる。

【現代語訳の概要】

国民に過重な負担を強いることはできない

　貞観2年、重臣たちが、『礼記』によれば「夏の終わりは高殿に住むべし」とあるので、高殿をつくって、そちらに移るようにと、太宗に奏上しました。それは、残暑が厳しく、早々に秋の長雨が始まろうとしていて、宮中は湿気が充満している状態でしたから、神経痛に悩まされていた太宗を気遣ってのことでした。

　しかし太宗は、「それを実行するには莫大な費用がかかる。昔、漢の文帝が高殿をつくろうとしたとき、その費用が普通の家10軒分に相当すると知って、中止してしまったという。自分の徳は文帝に遠く及ばないのに、使う費用のほうだけはるかに多いとあっては、人民の父母であるべき天子としては失格ではないだろうか」といって、重臣たちの進言に対して、決して首を縦に振りませんでした。

家に余財なし
～清廉性によって部下や国民からの支持を勝ち取る

　まともな方法で稼いだお金なら、どんな贅沢をしたとしても、誰に非難されるいわれはありません。しかし、公職についている者の場合は、話は違ってきます。

　中国の史書において、政治家や官僚の伝記などの後に、「家に余財なし」というコメントを、ときおり目にすることがあります。つまり「死んだ後に余分な財産を残さなかった」というもので、その人物の清廉性を強調した誉め言葉です。

　ちなみに余財とはどの程度のものなのか、時代によっても違うため、一概には決められません。ただ、残された遺族がすぐに路頭に迷うようでは困るので、遺族がそれなりの体面を維持して生活していける程度のものは、余財とはいえないと考えていいでしょう。

　たとえば、あの諸葛孔明。最後の遠征のなかで、後主劉禅に、「自分は成都に桑800株と痩せた田畑15頃を持っており、家族の衣食はこれで十分足りる。自分については、遠征軍の責任者として、身のまわりの品や衣食はすべて国家から支給されています。それゆえ、とくに私財を増やす必要はないので、自分の死んだときに、余分な蓄財や陛下

の信頼に背くようなことはしていません」といった書簡を送っています。

　今でいえば、政治家の資産公開といったところでしょうか。彼の死後、調査してみると、まさに申告のとおりだったということです。こうした清廉性こそが、彼が部下や国民から厚い支持を勝ち取ることができた理由の１つでもありました。

　ただし、公職にある者の清廉性という点では、日本のほうが中国よりも明らかに上です。たとえば、東京裁判で「戦犯」に問われた人々の例でいえば、当時、彼らのことを丹念に取材した人が、「１人の例外もなく、資産らしきものを残していなかった」と書き記しているのを、どこかで見た覚えがあります。

　もちろん日本にも、政治がらみで大邸宅などの資産を残す政治家もいないではないですが、これは例外というべきでしょう。こういう立派な伝統は、次の世代にもぜひ伝えていきたいものです。

二
人道は謙を好む

謙虚さも度が過ぎると卑屈に見え、
トップやリーダーとしては具合が悪い。
謙虚でありながら毅然とているのが
求められるべき姿。

【現代語訳の概要】

臣下は絶えず主君の言動に注目している

　貞観2年、太宗が側近の者に、「自分は天子になってからも、常に謙虚な態度で人に接し、畏れの気持ちを持って政治に取り組んできた。もし自分が思い上がって謙虚さを忘れれば、正道を踏みはずしたとき、その非を指摘してくれる者がいなくなってしまう。そのため自分は何か発言したり行動を起こしたりするたびに、それが天の意志にかなっているのか、臣下の意向に沿っているのか、必ず自戒してきた」と語りました。

　そして、「臣下の者は絶えず君主の言動に注目しているのだから、自分は常に畏れの気持ちを抱いて謙虚に振る舞いながら、なおかつ天の意志と人民の意向にかなっているかどうか、厳しく自分を戒めてきた」と続けました。

　それに対して魏徴が、「古人も『初めはなべてよかりしものを、なぜに終わりをよくしたまわぬ』と語っています。どうか陛下におかれましても、常に天を畏れ人民を畏れて謙虚に振る舞われ、日々、反省を怠りなきよう願い上げます。さすれば、わが国は長く繁栄し、滅亡の悲運に泣くことはありますまい。かの堯舜の世が泰平だったのは、常にそれを心がけたからにほかなりません」と答えました。

五章　明君と暗君とを分かつもの

謙虚であるが卑屈ではない
～傲慢さは反発を買い、近づいてくる人材をも遠ざける

　君主や皇帝を指して「天子」ともいいます。なぜ「天の子」なのでしょうか。それは天帝になり代わってその意志を実行し、国を治める人だからです。だから、天の期待に反する横暴な政治を行なえば、天からレッド・カードをつきつけられて退場を命じられます。

　では、天の意志はどんな形で示されるのか。わかりやすいのは自然災害や不祥事です。これが続発するようだと、天はかなり怒っているのだといいます。しかし、これはまだ特殊な事例であり、より普遍的な天の意志は民意、つまり民の声として示されます。だとすれば、天子たる者は天の意志、民の声に耳を澄まし、それを政治に反映させなければなりません。現に昔から分別ある君主はそれを心がけてきました。そうなると、当然、自分だけの勝手は許されず、いやでも謙虚にならざるをえません。

　太宗が自戒しているのもこれにほかなりません。

　中国古典は、「人間、謙虚であれ。とくに上に立つ者は謙虚であれ」と、しきりに呼びかけています。なぜ謙虚が上に立つ者の必要条件になるのでしょうか。それは反対の姿を考えてみれば、よくわかります。

謙虚の反対に傲慢があります。傲慢がなぜいけないのかについては、2つくらい理由をあげることができます。
　第1は、人を見下せば、まわりの反発を買い、せっかく近づいてくる人間まで遠ざけてしまいます。結果として、まわりの支持が得られなくなります。第2は、狭い世界でふんぞり返っていると、お山の大将になってしまい、自分の進歩を止めてしまいかねません。だから古人も、「上に立つ者ほど謙虚であれ」と戒めてきたのです。
　その点、日本人は、一部において例外はあるものの、おおむね謙虚なタイプが多いのではないでしょうか。これも日本ならではの美徳といっていいでしょう。
　ただし、どんな美徳も度が過ぎるとマイナス面が現れてきます。謙虚であるのはいいが、謙虚過ぎると、やたらへいこらして卑屈に見えてしまいます。それではトップやリーダーとしては実に具合が悪いといえましょう。できれば、「謙虚でありながら、しかも毅然としている」というレベルを目指したいところです。

三
神仙は虚妄なり

あやしげなものにすがるのは、
人間としての主体性を放棄した
無責任な生き方にほかならない。

【現代語訳の概要】

ありもしないものを求めるのは無益なこと

　貞観2年、太宗が側近の者に、「不老不死の術など、もともとでたらめなつくり話で、この世に実在しない」と語りました。そして、秦の始皇帝(しこうてい)はあやしげな不老不死の術にうつつを抜かし、その術などを使うという方士(ほうし)たちの食いものにされ、方士の言葉を信じて童男童女数千人をつけて東海の島にあるという仙薬を求めさせたこと、方士たちは秦の苛政を嫌って、そのまま逃げてしまったことなどを話しました。

　始皇帝は海辺で待ち続けますが、方士たちは帰ってきません。やむなく都へ帰還する途中、病に倒れて死んでしまいます。

　漢の武帝もまた、不老不死の術にのめり込み、自分の娘を方士のもとに嫁入りさせましたが、方士の術にまるで効き目のないことがわかると、方士を誅殺してしまいます。

　太宗は、この2人の例を示しながら、不老不死の術といった、ありもしないものをどんなに求めても、無益でしかたがないことだといったのです。

あやしげなものには近づくな
～天から与えられた寿命は、権力者でも自由にならない

　権力者というのは、その気になれば何でもできる立場にあります。中国の場合、権力の規模が大きいだけに、いっそう始末が悪いのです。しかし、その彼らでも自由にならないものがありました。それは天から与えられた寿命です。ところが、その寿命までなんとか延ばしたいと思い、あやしげな不老不死の術に凝る皇帝たちが現れてきます。

　その代表格が秦の始皇帝と漢の武帝です。

　まず始皇帝は、晩年、不老不死にのめり込み、なんとか霊験のある仙薬を手に入れようと、「方士」を招いて仙薬づくりにあたらせましたが、そんなものがおいそれとつくれるわけはありません。彼らは金をせしめると姿をくらまし、二度と戻ってきませんでした。ちなみに、日本に流れついたとされる徐市（徐福）も、始皇帝のもとから逃げ出した「方士」の1人だったといわれています。

　漢の武帝も一時は不老不死の神仙術に凝って、あやしげな連中を近づけていますが、晩年になって迷いから覚めたようで、「この世に仙人などいるわけがない。みんなでたらめだ。せいぜい飲食を控えて薬を服用すれば、少しは寿命を延ばせるにすぎない」と語っています。

彼らだけではなく後世の皇帝たちのなかにも、不老不死にのめり込んでいく者が後を絶ちませんでした。そんななかにあって、太宗はきっぱりと誘惑を断ち切っています。このあたりも見習いたいところの１つといえそうです。
　現代では、権力者であろうとなかろうと、不老不死にのめり込む人はまずいません。そういったことは、医学の常識のレベルで対応すればよいのですから。それでも、あやしげなものは、ほかにもあります。たとえば、霊媒、お告げ、卜占のたぐいです。こういうものにのめり込む人は今でもいます。
　わたしたちはたしかに厳しい時代を生きています。そのため迷いも多くなるし、判断に窮することもあります。それが責任のある立場ともなれば、なおさらのことです。そんなとき、あやしげなものにすがりたくなる気持ちもわからないではありません。しかしそれは、人間としての主体性を放棄した無責任な生き方ではないかと思わずにはいられないのです。
　あやしげなものからは、なるべく心して遠ざかりたい。それがまともな人間の見識というものだと思います。

四
君多欲なれば
則ち人苦しむ

小魚を煮るときには、
やたら突っついたり掻き回さず、
時間をかけてそろりそろりと煮る。

【現代語訳の概要】

己の欲望を抑えて、無為の政治に努める

　貞観2年、太宗が側近の者に、「国の根本は人民であり、人民の根本は衣食である。その衣食を確保するためには、人民を使役に駆り出さないことが先決。そのためには君主はムダを省き不急の支出を抑えなければならない。やたら軍事行動や土木工事を起こせば、人民に無理を強いることになる」と語りました。

　すると王珪が、「秦の始皇帝も漢の武帝も、外にはしきりに軍を動員し、内には豪奢な宮殿を造営しました。そのため、民力を疲弊させ、取り返しのつかない事態を招きました」と答え、「2人とも人民の生活に配慮しなかったわけではなく、実行するのを怠ったのです。近くは隋の滅亡などもよい見本で、あの二の舞いにならぬようにしてください」と続けました。そして、「初心を最後まで貫くことは、きわめて困難なことですが、どうか陛下におかれましては、いつまでも初心を忘れず、有終の美を飾られんことを願い上げます」と付け加えました。

　応えて太宗が、「王珪のいうとおりだ。人民の生活を安定させ、国を安泰ならしめるのは、君主の手にかかっている。君主が無為の政治を行なえば、人民は安楽な生活を送ることができる。逆に、君主があれもこれもと欲ばれば、人民の苦しみは増すばかり

五章　明君と暗君とを分かつもの

である。わたしはこれからも己の欲望を抑えて、無為の政治に努めたいと思う」と語りました。

大国を治むるは小鮮を烹るが若し
～干渉・指示・命令のたぐいを控えて民間の活力に任せる

　日本の権力はやさしい権力であったし、今も基本的にはそうです。「政府よ、助けてくれ」といえば、「おう、なんとかしてやろう」というのが日本の権力でした。これでは革命など起こりようがありません。

　中国はといえば、多くは人民からの収奪を事としたドライな権力でした。なかには太宗のように、思いやりの政治を心がけた皇帝もいますが、これは数少ない例なのです。だから、権力というのは、人民にとっては迷惑以外のなにものでもありませんでした。

　昔、尭という天子がいました。天下がよく治まっているかどうか、自分の目でたしかめようと、お忍びで町へ出てみました。しばらく行くと、１人の老人がこんな歌をうたっているのに出くわしました。

　　日出でて作り、
　　日入りて息う。
　　井を鑿って（掘って）飲み、
　　田を畊して食らう。
　　帝力何か我にあらんや。

　これを聞いた尭は、「ああ、天下は泰平なのだ」と、安

心して宮殿に帰っていったといいます。

　この歌は、平和な生活を謳歌したものと理解されていますが、その裏には「皇帝さま、よけいなことはしないでください。放っておいてください」という庶民の切なる願いが込められているように思われるのです。

　この願いを政治哲学にまで高めたのが『老子』という古典です。『老子』は「無為にして化す」のが理想だとして、次のように語っています。

「小魚を煮るとき、やたら突っついたり掻き回したりすると、形も崩れるし味も落ちてしまう。時間をかけてそろりそろりと煮るのがコツである。国の政治もそれと同じこと。上からの干渉や、指示や命令のたぐいをできるだけ控えて、民間の活力に任せたほうがうまくいくのだ」と。

　太宗の目指したのも、そういう政治でした。そのためには、「人民によけいな負担をかけないよう、自分勝手な欲望は極力抑制しなければならない」ことを、太宗は深く認識していたのでした。

五
兵は凶器なり

春秋時代の戦争は、
利権をめぐる争いから発したもので、
正義のための戦いなどなかった。

五章 明君と暗君とを分かつもの

【現代語訳の概要】

兵はやむをえない場合にのみ用いる

　貞観4年、林邑という国の使者の口上が穏やかではないので、討伐すべきだという奏上がありました。

　太宗が、「兵は凶器であり、やむをえない場合に用いるもの。漢の光武帝も、『軍を動員するたびに、頭の髪がまっ白になる』と語っている。古来、いたずらに兵をもてあそんだ者は、ことごとく国を滅ぼしている。前秦の苻堅も東晋をひと呑みにしようと、100万の大軍を動員したが大敗を喫して、あっというまに滅びてしまった。隋の煬帝も、高句麗を討伐するため、毎年のように軍役を課して人民の怨みを買い、そのあげく匹夫の手にかかって殺された。突厥の頡利にしても、近年しばしばわが領内に侵攻してきたが、そのために民力を疲弊させて滅びてしまった」と答え、「軽々しく軍を動員するなどもってのほか。しかも林邑を討つには険阻な山々を越えなければならないし、かの地には風土病も多い。将兵がそのような病に倒れれば、戦に勝ったとしても、なんの益があろう。使者の口上に、いささか穏やかならぬ表現があったとしても、捨ておけばよい」と続けました。

　結局、林邑討伐の議は沙汰やみとなりました。

兵は不祥の器なり
～経営効率から見ても戦争は相当に割の悪い仕事

　戦争をどう見るのか。すぐに思い出されるのが、『老子』の「兵は不祥の器なり」や『史記』の「兵は凶器なり」といった言葉です。ここでいう「兵」とは、武器と解しても戦いと解してもよいでしょう。それは不吉な手段なのだから、やむをえない場合以外は使わないようにと述べているのです。

　戦いの理論を追求した『孫子』でさえ、「兵は国の大事にして、死生の地、存亡の道なり。察せざるべからず」と、厳しく指摘しています。つまり、戦争は国家の重大事であって、国民の生死、国家の存亡がかかっている。それゆえ、細心の検討を加えてかからなければならないというのです。

　戦争には、勝っても負けても莫大な費用がかかるし、国民に多大な犠牲を強いることになります。そのうえ、負ければ国も滅んでしまいます。経営効率の上からみると、こんなに割の悪い仕事はないかもしれません。賢者たちが武力の行使に自重を促してきたのも当然のことなのです。

　にもかかわらず、現実には数限りない戦争が行なわれてきました。それについて、思い出されるのが、『孟子』の「春秋に義戦なし」という言葉です。中国の春秋時代三百

数十年は、ほとんど毎年のように戦争が行なわれた時代でしたが、『孟子』にいわせれば、それらはすべて権益をめぐる争いから発したもので、正義のための戦いなど一つもなかったというのです。『孟子』の醒（さ）めた認識は、近代の戦争についてもあてはまることはいうまでもありません。

　太宗が戦いに慎重だったのは、人民に負担を強いることを恐れたからですが、その太宗ですら、まったく戦争をしなかったわけではありません。それどころか、北辺や西方の脅威を取り除くため、突厥（とっけつ）や吐谷渾（とよくこん）といった異民族に対して遠征軍を送り、これを平定しています。必要なときには、あえて武力行使も辞さないということでしょう。

　兵法書の『司馬法（しばほう）』にこんな言葉があります。
「国大（だい）なりと雖（いえど）も、戦いを好めば必ず亡ぶ。天下安しと雖も、戦いを忘るれば必ず危うし」
　このあたりが軍備についての妥当な見解なのかもしれません。

六
言語は君子の枢機なり

最初は生糸のように細くても、
口から出ると、
より合わさった紐のように太くなり、
やがて綱のように太くもなる。

五章　明君と暗君とを分かつもの

【現代語訳の概要】

君主の過ちには、人々はこぞって目を向ける

　貞観8年、太宗が側近の者に、「言語は君子にとってこのうえなく重要な手段であるが、人と語ることは実に難しい。庶民にしても、一言でも相手の気にさわるようなことを口にすれば、相手はそれを覚えていて、必ずどこかで仕返しをするものだ。まして天子たるものは、臣下に語る際には、わずかな失言も許されない」と語り、「自分は常にそのことを肝に銘じてきた」と続けました。

　そして、隋の煬帝が初めて甘泉宮に行幸したときの逸話を話します。煬帝は庭園がとても気に入ったものの、蛍が1匹もいないのが残念で、「蛍を少しつかまえてきて、宮中に放つがよい」と命じたところ、係の役人はすぐに人足数千人を動員して蛍狩りをさせ、車500台の蛍を送り届けてきたというのです。蛍のような小事でさえこれほどの大事になるのだから、天下の大事を口にしたときは、その影響は計り知れないというわけです。

　そこで魏徴が、「君主が過ちを犯せば、古人も語っているように、すべての人々が日食や月食を見るようにこぞって目を向けましょう。陛下のご自戒は、まことにごもっともでございます」と答えました。

発言は慎重であれ
～必要なことを道筋を立てて主張できる弁舌を身につける

　中国古典の『易経』に、「言行は君子にとってきわめて重要な手段であり、そのいかんによって栄誉を得るか恥辱をこうむるかが決まってくる。君子の言行は天地を動かすほどの力を持っている。くれぐれも慎重にしなければならない」といった言葉があります。

　たしかに、地位が上がるにつれて、発言の重みは違ってきます。責任を自覚すれば、いやでも慎重にならざるをえません。

　また『礼記』には、次のような言葉があります。

「王の言は糸の如し。その出づるや綸の如し。王の言は綸の如し。その出づるや綍の如し」

　ここでいう「糸」は、繭から取る細い生糸。「綸」は、生糸をより合わせてつくった紐。「綍」は、紐を何本もより合わせてつくった太い綱。つまり、以下のような意味になることでしょう。

「王の発言は影響力が大きい。最初は生糸のように細くても、いったん口から出ると、より合わさった紐のように太くなる。最初は紐のような太さでも、口から出てしまうと、綱のような太さになる」

五章　明君と暗君とを分かつもの

この言葉はさらに、『漢書』の「綸言、汗の如し」という有名な言葉を生みました。「綸言」とは王たる者の発言のことで、それは汗のようなものだというのです。汗というのは、一度自分の体から出てしまうと、二度と戻ってきません。それと同じように、王たる者の発言は、一度自分の口から出てしまうと、取り消しがきかないのだから、発言はくれぐれも慎重にしなければならないというのです。
　太宗もそのことをよく自覚していました。
　ただし、「発言は慎重に」といっても、自分の立場や言い分を主張しなければならないときに、もじもじしたり、しどろもどろになって発言できないようでは、これもまた困りものです。
　必ずしも能弁である必要はありません。訥弁でもいいから、必要なときに必要なことを筋道を立てて主張できる弁舌は、最低限度、身につけておきたいものです。それはリーダーにとって大事な条件の1つです。

七
皇后の諫言

家に賢い妻がいてくれれば、
夫は外で悪事に巻き込まれず、
安心して仕事に打ち込める。

【現代語訳の概要】

どんな女性を妻にするかで思考も変わる

　太宗は1頭の駿馬を飼っていました。お気に入りの馬でしたが、ある日、ぽっくり死んでしまったのです。怒った太宗が、飼育係の役人を死刑にしようとしたところ、それを知った長孫皇后が、こういって諫めました。
「その昔、斉の景公が愛馬に死なれたとき、やはり怒って係の役人を殺そうとしました」。すると宰相の晏嬰が願い出て、景公になりかわって役人の罪状を数え上げました。それは次のようなものでした。
「お前の罪を教える。まず第1に、わが君の愛馬の世話を任されていながら、むざむざ殺してしまった。第2に、わが君にたかが馬1頭のことで人ひとりを殺させる。このことを人民が聞き知ったならば、その怨みはわが君に集まるであろう。第3に、諸外国がこのことを知ったら、必ずやわが国を軽んずるに違いない。そなたの犯した罪はこの3つだ。わかったかな」
　そして「これを聞いて景公は、役人を許したということです。陛下も、この話をよもやお忘れになったわけではありませんね」と続けました。
　これで太宗の怒りもおさまり、後で太宗は、房玄齢に「皇后は

自分の至らない点をよく補ってくれる。なんともかけがえのない奴だ」と語ったといいます。

内助の功も無視できない
～男が主要な働き手なら、家庭には「内助の功」が不可欠

　太宗が名君であり得た背景には、長孫皇后の「内助の功」を無視できません。中国の女性は、一般に気が強く、活力にあふれていて、そのせいか、皇后や皇太后が皇帝を押しのけて実権を握り、政治を掻き乱す例が後を絶ちませんでした。

　庶民の家なら、亭主が実権を握ろうが女房が握ろうが、それほど問題ではありませんが、皇帝の家ともなると話は別で、当然、影響するところが大きくなります。最近の例をあげれば、毛沢東未亡人の江青といったところでしょうか。彼女が実権を握ってしたことを思い出してもらえば十分でしょう。

　もちろん、長い歴史のなかには、表側の政治に介入せず、もっぱら「内助の功」に徹して夫を支えた女性も大勢いました。それを皇后のなかから選ぶとすれば、さしずめ太宗の長孫皇后あたりが代表格といえます。

　太宗は馬が好きで、何頭も駿馬を飼っていました。若い頃、馬を駆って戦場を疾駆した思い出につながっていたのかもしれませんが、それが太宗の趣味でした。その自慢の馬を失ったのだから、係の役人に怒りを爆発させたのも当

然だったかもしれません。でも、怒りにまかせて殺したりすれば、暴君の非難を受ける恐れがあります。

　長孫皇后はそれを知って、晏嬰の故事を引きながら、やんわりと諫めたのです。なんとも心憎いやり方ではありませんか。太宗が感謝したのも、これまた当然であったかもしれません。こうして見ると、彼女は聡明で教養豊かな女性であったことがよくわかります。

　時代の変化でしょうか、「内助の功」という言葉も、近頃あまり耳にしなくなりました。しかし、男が主要な働き手である限り、家庭にはこれが欠かせないのです。
　中国の諺に、「家に賢妻あれば、丈夫は横事に遭わず」というのがあります。つまり、「家に賢い妻がいてくれれば、夫は外で悪事に巻き込まれることはない」というのです。安心して外の仕事に打ち込めるということでしょうか。こういうことも「内助の功」の大きな効用であることを忘れてはなりません。

八
甚(はなは)だ万全の計に非ず

楽しみひとつ
思いのままにならない辛さに耐えて、
職務に励むことこそが
公職にあり人の上に立つ者の務め。

【現代語訳の概要】

個人の楽しみはほどほどにして、万民の期待に応える

　貞観14年、太宗は同州の沙苑に行幸した際、朝早くから狩りを催してみずから猛獣を相手にして、夜遅くなって帰ってきました。それに対して重臣の魏徴が、「『書経』によると、周の文王が狩りの楽しみに溺れなかったことが美徳として称えられていますし、『左伝』には、周の時代、狩りを司った役人が上書して『やたら狩りにふけって身を滅ぼした帝夷羿を戒めとしてほしい』と述べたことが記録されています。

　また、漢の文帝が急な坂を馬に鞭を入れて駆け下りようとするのを、臣下が手綱をしっかりと押さえながら、『お待ちください。明君ともなれば、わざわざ危険を冒して僥倖を期待しないもの。今、陛下は危険きわまりない山道を6頭もの駿馬で駆け下りようとなさっています。もし馬が驚いて車がひっくり返りでもしたら、陛下の身はともかくとして、いったいこの国をどうなさるおつもりですか』といって諫めたということです」と、奏上しました。

　また、「漢の武帝も猛獣狩りを好みましたが、それについて司馬相如という臣下が、『人間にはたしかに烏獲のような力持ちや慶忌のような身のこなしのすばしこい者がいます。しかし、相手の獣にも、そんな獣がいるに違いありません。突然、そんな手強い

獣に出合ったら、たちまち身の危険にさらされます。万全の備えをしているから心配する必要はないとはいえ、天子たるもの、危険な場所にあえて近づくべきではありません』といって諫めています」と述べ、「いま取り上げた何人かの皇帝たちも、みな同じ人間ですから、狩りの楽しみを知らないわけではありません。それをぐっと耐えて臣下の諫言に従ったのは、自分のためではなく、国のためにそうしたほうがよいと思ったからにほかなりません」と続けました。

　そして、「承るところによりますと、近頃、朝早くお出かけになって猛獣狩りをされ、夜遅くになって帰ってこられたとか。最も尊き位についておられながら、暗闇のなか荒野に足を踏み入れ、深林や草むらを走りまわるのは、あまりにも無謀な振る舞いです。なにとぞ陛下におかれましては、個人の楽しみはほどほどにされ、猛獣狩りなどはおやめになって、その分、政治に身を入れ、天下万民の期待に応えていただきたい」と締めくくりました。

　すると太宗は、「昨日の件は、特別な理由があってそうしたのではなく、ついうっかりしてしまったのだ。今後はいっそう気をつけたいと思う」と答えたのでした。

楽しみはほどほどに
～楽しみに没頭し過ぎれば、楽しみ変じて苦役となる

　太宗は馬が好きだったといいましたが、馬とはすなわち狩りのことです。これがほとんど唯一の趣味だったようで、若い頃、戦場を駆け回ったときの血が騒いだのかもしれません。

　そんなたった１つの楽しみを、重臣たちが寄ってたかって諫めるのですが、それには理由が２つありました。１つは、危険に身をさらして不慮の事故にでもあったらどうするのかということ。もう１つは、趣味にのめり込むと肝心の政治がおろそかになるということです。

　どちらも、もっともな理由ですが、楽しみ１つ思いのままにならないとは、なんと窮屈なものかと、同情したくもなります。しかし一方で、そういう辛さに耐えていくのが、公職にある者の務めだとも考えてしまいます。

　人生は短い。せっかくの人生、仕事だけでは味気ないものです。誰の人生にも、一つや二つ、その人なりの楽しみがあってしかるべきです。ただし、仕事を放り出して楽しみだけを追求するようになると、楽しみ変じて苦役と化してしまいます。充実した人生を目指すためには、仕事と楽

しみのバランスを取りたいところです。
　そうはいっても、公職についている者や責任のある地位にある者については、少し話が違ってきます。明らかに比重は仕事のほうにかかっていたとしても、楽しみを中心に生きることは許されません。現役の間は、どうしても仕事優先にならざるをえないのです。そのあたりのケジメをしっかりと心得てかかりたいものです。

〈六章〉

初心、忘るべからず

どんなに高い堤防も、蟻の一穴から決壊すると『韓非子（かんぴし）』にもある。
重臣の魏徴は長文の上書をもって、太宗に苦言を呈している。
本章ではそれを解説する。

一
これを終うること難し

知ることは難しくない。
実行することが難しいのだが、
それ以上に難しいのは、
最後までやり通すこと。

六章 初心、忘るべからず

【現代語訳の概要】

初心を忘れることで、政治に対する純朴さを失う

　貞観13年、この頃、即位当初の倹約を忘れ、贅沢な生活に染まり出した太宗を心配して、魏徴が次のような上書を奉って太宗を諫めました。——

　古来、天命を受けて国を興した帝王は、帝位を子々孫々に伝えようと、子孫のために立派な手本を残しました。生活では純朴を奨励して浮華を退け、人材には誠実な人物を重視して口先だけの人間を退けました。また、施設は贅沢を戒めて倹約を旨とし、産物は食糧や衣類を重視して珍奇な品には目もくれませんでした。天命を受けて帝位についた当初は、誰もがそうしたやり方で政治にあたるものですが、世の中が安定してくるにつれてこれが守られなくなり、やがて破滅に至るのです。

　なぜか。ほかでもありません。どんな発言をしても反論する者はなく、いかなる振る舞いにも逆らう者はいません。やがて私情に流されて正しい道を踏みはずし、私欲が頭をもたげてわがままが募っていくためです。古語にも、「知ることは難しくない。実行することが難しいのである。実行することはまだやさしい。最後までやり通すことが難しいのである」とありますが、まさにそのとおりです。

帝王はわずか20歳の頃から、みずから陣頭に立って全土を統一し、この国の基を築きました。即位当初は働き盛りでしたが、よく自制して節倹に努められましたので、内外とも平和なよき時代をつくり上げることができました。その功績は殷の湯王や周の武王をも上回り、ご聖徳についても聖天子の堯や舜に近いものがあります。

　側近に登用されて10年余り、常にご意見をうかがい、機密の相談にあずかってきました。陛下は仁義の道を守り、何事につけ倹約を旨としてきました。「一言、国を興す」といわれますが、陛下の言葉は今なおこの耳に残っていて、忘れることができません。しかし近年、徐々に初心が忘れられ、政治に純朴さが失われてきたように思われます。謹んでわたしの気づいたことを以下にあげてみたいと思います。

初心忘るべからず
～中だるみ現象はいつの時代も、長期政権の抱える問題

「初心忘るべからず」は日本の諺だが、中国古典の『詩経』には、創業当初は緊張感を持って仕事に取り組むが、時がたつにつれて気持ちにゆるみが生じ、やがてそれが衰亡につながっていくとあります。「なべて初めはよかりしものを、なぜに終わりをよくしたまわぬ」とでもなるかもしれません。

　太宗ほどの名君でも、即位以来13年、政治も軌道に乗っているとなれば、「やれやれ一安心」と緊張感がゆるみ、心に隙が生ずるのでしょう。

　これを改善するには、本人の自覚が必要ですが、これがまた難しいのです。そこで真の補佐役の出番となります。幸いにも太宗には魏徴のような争臣がいました。そこが並の権力者と違うところです。

　魏徴は、中だるみ現象について10項目にわたり指摘していくのですが、その内容は、どんな時代でも長期政権が抱える問題と共通しているものが多いように思われます。時代は違えど、人間の行ないには大差がないということでしょうか。

二
珍奇を域外に市(か)う

いうことは優れた聖人にも勝っているが、
実際にやっていることは、
そのへんの平凡な君主にも及ばない。

【現代語訳の概要】

有終の美を飾れない第1の理由

　即位当初の太宗は無為無欲に徹していました。しかし最近、口で言っていることは優れた聖人に勝っているように思えるものの、実際の行ないを見ると、そのへんの平凡な君主以下のように思えてなりません。

　漢の文帝は千里の馬が献上されてきたとき、「その必要はない」といって受け取らなかったし、晋の武帝もまた、雉の頭の毛で飾った皮衣が献上されたとき、すぐに焼き捨てさせたといわれます。しかし近頃の陛下は、駿馬や珍奇な品を求めており、沿道の人民からは不審の目を向けられ、夷狄の者どもからは侮りを買っています。

　これが有終の美を飾れない第１の理由です。

三
意、奢縦（しゃしょう）に在り

人民には畏（おそ）れの気持ちを持ち
正しい道をもって臨まなければ
たちまち敵になってしまう。

【現代語訳の概要】

有終の美を飾れない第2の理由

　昔、弟子の子貢が孔子に向かって、人民を統治する心構えについて尋ねたとき、孔子は、腐った縄で6頭立ての馬車を走らせるときのように、絶えず畏れの気持ちを抱かなければならないと答えました。さらに子貢が「それほど畏れなければならないものですか」と尋ねたところ、孔子は、正しい道をもって臨まなければ、たちまち人民は自分の敵となるだろう。だから畏れなければならないのだと答えています。

　また、『書経』にも、「人民は国の本である。本がしっかりしていれば国は安泰である。だから上に立つ者は、くれぐれも人民を大切にしなければならない」とあります。

　太宗陛下も即位した当初は人民を大切に扱われ、その苦労しているさまを見ては、わが子のようにいたわり、みずからは常に質素な生活を心がけて、不要な土木工事などは極力控えてきました。

　しかし近年、初心を忘れてわがままになられ、やたら労役を課しては、「人民は暇をもてあますと勝手なことをする。適当に働かせたほうがいいのだ」などと語っていると聞いています。

　古来、人民が生活を楽しんだことによって国を滅ぼした例はあ

りません。人民が仕事を怠って勝手なことをしないようにと、わざわざ労役を課す者がどこにいましょうか。陛下のお言葉は国を興隆させることにはなりませんし、長い目で見ても、人民を安堵させることもできません。
　これが有終の美を飾れない第2の理由です。

四
欲を縦(ほしいまま)にして以って人を労す

自分の楽しみごとのために、
人民に負担を強いて、謙虚さは影をひそめ、
傲慢な言動が目立つようになる。

【現代語訳の概要】

有終の美を飾れない第3の理由

　かつては、陛下はご自分のやりたいことも控えて、人民の利益を優先しました。ところが近年、ご自分の楽しみごとのために人民に負担を強いるようになり、謙虚さが影をひそめて、傲慢な言動が目立つようになりました。口ではしきりに人民のことを心配しているということですが、口先だけのことで、ご自分の楽しみごとにはきわめて熱心です。

　離宮造営のとき、臣下の諫言を予想して、「これがないと、なにかと具合が悪い」と予防線を張りました。臣下が諫言できない情況をつくることは、諫言の道を閉ざすことにつながり、いつまでも過ちを改めることができなくなります。

　これが有終の美を飾れない第3の理由です。

五
小人を軽んずるや、狎(な)れてこれを近づく

香草のなかにいれば甘い香りに染まり、
腐った塩魚のなかにいれば悪臭に染まる。
だから、まわりの人間の影響も無視できない。

【現代語訳の概要】

有終の美を飾れない第4の理由

　立派な人間になれるかどうかは、まわりの人間の影響も無視できません。それはあたかも香草のなかにいれば甘い香りに染まり、腐った塩魚のなかにいれば悪臭に染まるようなもので、自然に感化されるからです。ですから、ふだんつき合う相手は慎重に選ばなければなりません。

　陛下は、即位した当初はなにごとにも筋を通し、えこひいきなどしないで、常に正論を支持し、もっぱら君子に親しんで、小人は退けていました。

　ところが近年、すっかりさま変わりして、小人には心安く接し、君子は尊重されています。尊重しているといっても、実は敬って遠ざけているのであり、逆に小人に対しては、内心ではばかにしながら、実は狎れ親しんで近づけています。

　小人どもを近づければ、彼らの欠点が見えなくなり、時とともにいっそう近づけるようになります。また、君子を遠ざければ、彼らのよさが理解できなくなり、ますます遠ざけるようになるでしょう。

　小人に親しむのは、政治にとっても好ましいことではありませんし、君子を遠ざけるのも国を栄えさせる要因とはなりません。

　これが有終の美を飾れない第4の理由です。

六章 初心、忘るべからず

六
奢侈（しゃび）を好みて、
下の敦朴（とんぼく）ならんことを望む

商工にばかり注力しながら、
農業に豊かな収穫を期待するのは
無理な話である。

【現代語訳の概要】

有終の美を飾れない第5の理由

『書経』に「珍しい産物を珍重して実用のものを軽視しなければ、生活は豊かになる。犬や馬はその土地のものでなければ飼ってはならない。珍しい鳥や獣も他国から持ってきて飼ってはならない」という言葉があります。陛下は当初、このとおりの質素な生活をしていました。ところが近年、その逆のような行ないをしています。

　上に立つ者が贅沢を好み、下々の者には質素な生活を望んでも、それは無理というものでしょう。また、商業や工業にばかり力を入れておきながら、肝心の農業に豊かな収穫を期待しても、これまた無理なことは明らかです。
　これが有終の美を飾れない第5の理由です。

六章 初心、忘るべからず

七
軽々しく
これが臧否を為す
かるがる
ぞう ひ　 な

君子は仁義を実践して徳を広めようとするが、
小人は上の者にへつらって
身の安全をはかろうとする。

【現代語訳の概要】

有終の美を飾れない第6の理由

　即位された当初は、のどの渇いた人間が水を欲しがるように、陛下は熱心に人材を求められました。そして、しかるべき人物が推挙した相手は、信頼して登用したうえ、彼らの長所を引き出すように努め、それでもまだ配慮に欠けるのではないかと案じていました。

　ところが近年、陛下の好き嫌いの感情が目立つようになりました。皆の者がこれならと推挙して登用した人物であっても、たった１人の者が非難しただけで、すぐに辞めさせてしまいます。また、長年信頼して任用してきた相手でも、一度疑っただけですぐに遠ざけてしまうようになりました。

　そもそも人物を評価するには、ふだんの行ないと仕事の実績を見る必要があります。その人物を非難する者の発言が、推挙した者のいうことよりも信用できるとは限りません。長年積み上げてきた実績を、たった１人の非難で失わせるようなことは、すべきではありません。

　君子は仁義を実践して大いなる徳を広めようとしますが、小人はとかく上の者にへつらって身の安全をはかろうとします。最近の陛下は、根本のところをたしかめもしないで、表面だけを見

て人物の善し悪しを決めています。その結果、正道を守る人間が退けられ、能力もないのに地位だけ欲しがる人間が幅をきかすようになりました。このような状態では臣下としても、責任逃ればかり考えて、仕事に身を入れなくなってしまうことでしょう。

　これが有終の美を飾れない第6の理由です。

八
不虞の変を慮るなし
ふぐ　　　　　　おもんばか

狩りに出ては無益な殺生をして、
　人民の批判にも気づかず、
　不足の事態に備えることもない。

六章 初心、忘るべからず

【現代語訳の概要】

有終の美を飾れない第7の理由

　かつての陛下は、下々の者になるべく負担をかけまいと、やりたいことも控え、好きな狩りも、きっぱりと断念したものでした。しかし、その志も数年とは続きませんでした。

　狩りに出かけては無益な殺生をして、人民の批判を受けています。鷹や猟犬を遠い外国から朝貢させ、ときには軍事教練に名を借りて、朝早く出て夜半に帰ってくることもあります。馬を走らせる楽しみに溺れ、不測の事態の起こることなど意に介していません。もし万一そんな事態が起こったら、手のほどこしようがありません。

　これが有終の美を飾れない第7の理由です。

九
忽略する所多し
こつりゃく

　短所をあげつらわれ、
　ささいな過失をとがめられては、
　優れた臣下でも思っていることをいえない。

【現代語訳の概要】

有終の美を飾れない第8の理由

　孔子が「君主は礼をもって臣下に接し、臣下はまことをもって君主に仕える」と語っています。つまり、君主たるもの、人としての正しい道をしっかりと守って臣下に臨まなければならないということです。

　陛下は、即位された当初は敬意をもって臣下に接していましたので、君恩は広く臣下に行きわたり、臣下の真情もよく陛下のもとに届いていました。それゆえに、臣下はこぞって陛下のために力を尽くし、何ひとつ包み隠すようなことはありませんでした。

　ところが近年、そのあたりの配慮に欠ける例が、多々みられます。

　たとえば、地方官が都へ上ってきたとします。宮中に参内して、直接、地方の実情をお耳に入れたいと願っても、お会いになろうとしませんし、指示を仰いでも、通り一遍の言葉しか返ってきません。それどころか、短所をあげつらって、ささいな過失をとがめることも珍しくありません。こんなことでは、どんなに弁舌優れた臣下でも、心で思っていることを申し述べることができなくなります。むろん、君臣が心を一つにして政治に取り組むことなど、望むべくも

ありません。
　これが有終の美を飾れない第 8 の理由です。

六章 初心、忘るべからず

十
傲[おご]りを長じ、欲を縦[ほしいまま]にす

自分が賢明であることを自負するあまり、
当代の賢者を軽んじるという
愚行をおかしてしまう。

【現代語訳の概要】

有終の美を飾れない第9の理由

『礼記』に「傲りは、長じさせてはならない。欲は、ほしいままにしてはならない。楽しみは、極めてはならない。志は、満たそうとしてはならない」とあります。古の帝王はこの4か条をよく守って実績をあげましたし、世の賢者も深く戒めとしてきました。

　陛下も即位されたばかりの頃は、ひたすら政治に打ち込まれ、常に謙虚な姿勢で臣下の意見に耳を傾け、それでもまだ足りないのではないかとみずからを戒めていました。ところが近年、いささか傲慢になり、功績の大きいことを鼻にかけて古の帝王を見下し、ご自分が賢明であることを自負するあまり、当代の賢者をばかにしています。これは傲りが長じている証拠にほかなりません。

　また、何か思い立って始めた際には、途中で思い直してやめることがなくなりました。たとえ臣下の諫言に従って取りやめた場合でも、それは心から願ってのことではありません。これは欲をほしいままにしている証拠です。

　さらに陛下は、楽しく遊びたいと、そればかりを願い、どこまで行っても満足することを知りません。それがすべて政治の妨げになっているわけではありませんが、少なくとも政治に専念していないことは事実でしょう。これは楽しみを極めようとしている証拠

です。

　また、国内は平穏で、四方の異民族も帰服しているのに、はるか異域の地にまで遠征軍を送って討伐しようとしています。これは志を満たそうとしている証拠です。

　ふだん陛下になれ親しんでいる者は、陛下におもねるばかりで、あえて諫めようとはしません。また、陛下と疎遠な臣下は、ご威光に恐れをなして、これまたあえて諫めようとしません。こんなことが積み重なっていくと、いずれは陛下のご聖徳を損なうことになることでしょう。

　これが有終の美を飾れない第9の理由です。

十一
関中の人、労弊尤(もっと)も甚だし

救済の手を差し伸べなければ、
水害や旱魃(かんばつ)で収穫が期待できず、
人民は安心して仕事に打ち込めない。

【現代語訳の概要】

有終の美を飾れない第10の理由

　陛下は災害からは逃れられないが、災害時にはすぐに救済の手を差し伸べ、謙虚に対応することで、即位当初は名君の務めを果たしました。頻繁に霜害や旱魃に見舞われ、都から関外へ人口が流出してさまよい歩く者が数千人にも達しましたが、逃亡した者や怨む者などいませんでした。なぜなら、誰もが陛下の情け深い心を知っていたからです。

　ところが近年、人民は政府の使役に疲れきり、何かあれば大きな騒動に発展しかねませんし、水害や旱魃で収穫が期待できないとなれば、人民はこれまでのように安心して仕事に打ち込めなくなるでしょう。

　これが有終の美を飾れない10番目の理由です。

十二
九仞の功を一簀に虧く
きゅうじん　　　　いっき　　か

少しでも気をゆるめれば、
これまで積み上げてきた功績を
すべて失うこともある。

六章 初心、忘るべからず

【現代語訳の概要】

天の警告を素直に受け入れ、諫言に耳を傾ける

『春秋左氏伝』に、「幸不幸は決まった門があって入ってくるわけではない。みな人間が招き寄せるのである」とあります。たしかに、人間さえしっかりしていれば、災いなどめったに起こるものではありません。

陛下が天下を治められてからすでに13年たちました。その間、ご聖徳は国内に行きわたり、ご威光は海外にまで及んでおります。穀物は豊かに稔り、教化の実もあがって村々に人材が輩出し、人々は食べるものに不自由しなくなりました。ところが今年になってしばしば災害に見舞われ、暑気による旱魃（かんばつ）の害が遠く地方にまで及び、天子のお膝元である都でも、悪事を働く者がのさばるようになりました。天は何もいいませんが、こういう災いは天子への警告です。このことに深く思いをいたし、今こそ天子としての務めを果たしていただきたいと思います。

天の警告を素直に受け入れ、優れた人物を登用して諫言によく耳を傾けることです。かつて立派な治績をあげた歴史上の帝王のやり方をよく学んでみずからも実行されるとともに、近年陛下がなぜ徳を失ってしまったのか深く反省して改められ、そのことが誰の目にもはっきりとわかるようにお示しください。そうすれば、

帝位は長く子孫に伝えられ、天下万民にとってもこれ以上の幸せはなく、少しも心配することはありません。

　天下の安危、国家の治乱は天子1人の肩にかかっています。天下泰平の礎は築かれましたが、今ここで少しでも気をゆるめれば、これまで積み上げてきた功績をすべて失ってしまいます。
　わたくしは愚かな人間で、ものごとの機微には疎いのですが、この目で見ていることを10か条にまとめてみました。拙い意見ではありますが耳を傾けられ、民間の意見も参考にご判断いただきたいと思います。愚者もたまにはいいことをいうと申しますが、少しでもお役に立てば幸いです。お怒りに触れて殺される羽目になっても、いささかの悔いもありません。

十三
情に忤(さから)うは尤(もっと)も難し

中堅クラスの企業なら、
2人くらいの争臣がいれば
道を誤り破綻に至ることはない。

六章 初心、忘るべからず

[現代語訳の概要]

過ちがわかれば、すぐその時点で改める

　この上書が提出されるやいなや太宗は魏徴を呼んで、「臣下として仕える場合、君主の意向におもねるのはやさしいが、君主の気持ちに逆らうのはきわめて難しい。そなたは、わたしの耳目ともなり股肱ともなって、常に厳しい意見を申し述べてくれた。今また過ちを知ることができて、すぐにでも改めるつもりである」と述べました。そして、これからも心して政治に取り組みたい。この約束を破るようなことがあれば、そなたに合わせる顔もないし、天下を治める資格もないと思うと続けたのでした。

　太宗は魏徴の上書を受け取ってから、繰り返し読みました。文章も力強く筋も通っているので、屏風に書き記して朝な夕な仰ぎ見ることにし、さらに、史官に命じて記録にとどめさせることにしました。そして「これによって後世の人々が後々までも、君臣の正しい関係について理解を深めてほしいと願っている」とまでいったのでした。

国家の理乱は一人に在るのみ
～功績のあるトップほど、早めの引退を考えたほうがいい

　魏徴の指摘する10項目から思い出されるのが、『書経』の大禹謨篇の次の言葉です。わかりやすく箇条書きにしてみると、次のようになります。

　一、不測の事態に対する備えを怠らない。
　一、法や規律を守る。
　一、安逸に流されない。
　一、楽しみに溺れない。
　一、優れた人材を登用し、信頼して仕事を任せる。
　一、悪に気づいたら断固取り除く。
　一、疑わしいことには手を出さない。

　これらは魏徴のあげた10項目と多くの点で重なっています。魏徴は、「国家の理乱は一人に在るのみ」と語っています。それだけトップの責任は重く、その責任を自覚すれば、おのずから戒めなければならないことが多いということでしょう。ここでは、とくに4つの教訓を引き出しておきます。

　・贅沢を戒めること。現代でも、社屋を新築したときが最も危ないなどといわれるのも、そのことと関係しているのではないかと思います。

・功績に居直らないこと。功績があるからこそ長期政権となるのですが、それが仇となって墓穴を掘るトップも少なくありません。功績のあるトップほど、早めに退くことを考えたほうがよいでしょう。

・仕事に精励すること。常に「常在戦場」の心構えで事に臨む必要があり、これはいつの時代のトップにも望まれる心構えです。

・適材適所の人材登用を心がけること。これがなければ組織は有効には機能しません。同時に、次の時代を担う人材を育てることも忘れてはなりません。

これらのことは、これまでも折に触れて取り上げてきたものですが、それを魏徴は上書という形で示し、改めて釘をさしたのでした。

命に逆らいて君を利す

～君主の利益になるのなら、あえて君主の意向にも逆らう

　それにしても魏徴は、臣下としていいにくいことを、よくもここまで書き連ねたものです。それを甘んじて受け入れる太宗も立派なものです。まさにここには理想の君臣関係があったといってよいでしょう。

　古典『荀子(じゅんし)』にある言葉をわかりやすく訳してみると、

次のようになります。君命に従ってそれが君主の利益になるのが順当なあり方ですが、君主の利益にならないと知りながら、君命に従うのはへつらっているのです。また、君命に逆らってでも君主の利益をはかるのが誠実な生き方ですが、君命に逆らったうえ、君主の利益にもならないのは反逆としかいいようがないというのです。

さらにいえば、君主の利益になると思えば、あえて君主の意向に逆らうことも辞さないのが、臣下としての誠実な生き方ですが、これが臣下たる者の理想であることはいうまでもありません。

また『荀子』は「百乗の家」に争臣が2人いれば、宗廟が廃れることはないといっています。「百乗の家」とは、今でいえば、中堅クラスの企業にあたるかもしれません。そのクラスでも2人くらいの争臣がいてくれれば、道を誤って破綻に至ることはないというのです。

太宗には、「忠臣」や「争臣」が何人もいて、彼の治世を支えていました。現代の日本のトップに、はたして「忠臣」や「争臣」が何人いるのか、はなはだ心もとない気がします。

〈七章〉

有終の美を飾らん

創業の後を受け継ぎ、
さらに発展させ体制の基盤を固めた太宗だが、
20年を超える治世ともなれば、初心を貫き通すのは至難の業。
どのようにして有終の美を飾ったのか。

一
止足を思わず、
志、奢靡に在り

すべてにおいて過ぎたるを知り
立ち止まることを心得ておけば、
危険はなく、安らかに暮らせる。

【現代語訳の概要】

上の者が好むことを、下の者も見習う

　貞観12年、太宗が東方巡視に出て洛陽に向かう途中のことです。顕仁宮に宿泊したとき、宮苑管理の役人を大勢処罰しました。それに対して魏徴が、「このたび洛陽への行幸は、陛下ゆかりの地の安定を願い、土地の故老に恩恵を与えようとしてのことでした。しかし、民にまだ恩恵を加えないうちに諸役人を処罰し、しかもその罪状たるや、用意された身のまわりの品への不満とか、食事の準備に手ぬかりがあったとか、いずれも取るに足りぬことです」と諫め、「これは、陛下の気持ちが足ることを忘れ、奢侈に傾いているからです。これでは、なんのための行幸であったのか理解に苦しみますし、人民の期待にも反することになりましょう」と続けました。

　隋の煬帝は、臣下に命じて食事を整えさせ、不満があれば厳しく処分したそうで、上の好むところ、下もこれを見習うといいます。その結果、隋は君臣こぞって奢侈に流れ、ついに国を滅ぼしてしまったことを例に、太宗に人民の手本となるような行ないをするよう諭し、足るを知ることを心がければ、子孫もそれを見習い、足ることを忘れて奢侈に走れば、やがて万倍もの贅沢でも飽き足

七章　有終の美を飾らん

りなくなると付け加えました。
　太宗は、魏徴のただならぬ気配にいたく感じ入り、「今後は、そのようなことがないように努めたいと思う」と応じたのでした。名君の名君たるゆえんがここにあります。

止(と)まるを知れば殆(あやう)からず
～過ぎた贅沢かどうかは、その時代の社会通念で判断する

『老子』の言葉に「地位に執着し過ぎれば、必ず生命をすり減らす。財産を蓄え過ぎれば、必ずごっそり失ってしまう。足ることを心得ていれば、辱めを受けない。止まることを心得ていれば、危険はない、いつも安らかに暮らすことができる」というのがあります。

これは「止足(しそく)の戒め」と呼ばれ、『老子』の処世哲学の核心とされていて、奢侈を戒める魏徴の念頭にも、常にこの言葉があったことはいうまでもありません。

しかるべき地位についていながら、質素な生活に甘んじる人もいれば、地位にふさわしい身だしなみを心がけ、住む環境を選ぶ人もいます。それが分に過ぎた贅沢であるかどうかは、その時代の社会通念によって判断するほかありません。

贅沢はややもすれば歯止めがかからず、後戻りがきかなくなります。さらに物質面の贅沢だけにとどまらず、心の傲(おご)りにまで根を広げていくので実にやっかいです。

『書経』にもあるように、人間を人間として扱わず、相手を見下したり、踏みつけにしたりしていれば、まわりの支

七章 有終の美を飾らん

持を失ってしまう。また、物質的な豊かさだけを追い求めて初心を忘れてしまうようなことになれば、「先が見えた」といわざるをえません。

有終の美を飾るために
～「あの人が、ああなるとはねえ」といわれるなかれ

　誰でもトップの地位についたときは、責任の重さを自覚し、やる気を燃やして仕事に取り組みますが、その地位になれるにつれて緊張感を失い、結局、みじめな終わり方をする人が多いものです。

　筆者に中堅クラスの会社を経営している知人がいて、「なかなかできた人」ということで有名でした。彼は期待されたとおり、部長から役員に残り、やがて社長にまで上りつめました。しかし数年後、「あの人が、ああなるとはねえ」とか「ワンマンだ」といわれるようになり、やがて内紛がらみの不祥事で、不本意な引退を余儀なくされました。

　この社長のような「権力の傲り」が自滅の引き金になった例は枚挙にいとまがありません。やはり権力の座にある者ほど、いっそうの自戒が望まれるところです。

二
終わりを克(よ)くするの美を保たん

感情を表に出さないことで、
冷静な判断が可能になり、
まわりには大きな包容力を感じさせる。

七章 有終の美を飾らん

【現代語訳の概要】

賢者は感情を上手に抑えて、過度に発散させない

　貞観16年、太宗が魏徴に、「帝王のなかには、子孫に位を伝えること10代の長きに及んだ者もいれば、わずか1代、2代限りで終わった者、みずから得た帝位をみずから失った者もいる。そんな例を見るにつけても心配でならない」といい、自分が「感情のまま勝手なことをしているのではないかと、いつも心を痛めている。しかし、自分のことは自分ではわからないものだ。どうかそなたの意見を聞かせてほしい」と尋ねました。

　その問いに魏徴は、「欲望や喜怒の感情は、賢者も愚者も同じように持っていますが、賢者はそれをうまく抑えて、過度に発散させることはしません。ところが愚者はそれを抑えることができず、身の破滅を招くのです。陛下は深い徳をお持ちで、泰平の世にありながら、常に危難のときのことを考えて心を引き締めています。どうかこれまで以上に自戒されて、有終の美を飾られんことを願っています。そうなれば、わが国は万世の長きにわたって陛下のご恩をこうむることになりましょう」と答えました。

喜怒を色に形(あらわ)さず
～口数を少なく、腰を低くして相手を立てる

　ささいなことで感情を爆発させると、決まって後味の悪い思いをすることは、誰でも経験するところです。まして上に立つ者なら、なるべく感情を抑制する術を身につけておかなければなりません。

　たとえば『三国志』の劉備(りゅうび)は、「口数が少なく、腰が低くて相手を立て、感情を表に出さなかった」といわれています。彼は能力はさほどでもないものの、人々の支持を集めて乱世を生き残っていきました。その人柄についていえばですが、寡黙、謙虚、沈着ということになるかもしれません。

　一般に、「喜怒を色に形さず」には、2つのメリットがあるように思われます。1つは冷静な判断を可能にすることであり、もう1つは大きな包容力を感じさせることです。ただし、日本人の場合、そうした姿勢は、「冷たい」とか「とっつきにくい」というように、好ましくないイメージに結びつく心配もあります。そこで、それと同時に、一面では親しみやすさを印象づける必要がありそうです。

　感情を抑制すること……リーダーを目指す者なら、決してその努力を怠ってはなりません。

七章　有終の美を飾らん

山本五十六の「男の修行」
〜耐えていくことによって人間は磨かれる

　山本五十六（いそろく）といえば、大東亜戦争で連合艦隊司令長官としてアメリカと戦った昭和の名将です。彼は求められると好んで揮毫（きごう）したらしく、その１つに「男の修行」と題するものがあります。長岡の「山本五十六記念館」に掲げられていますが、変体仮名らしいものも混じっているので、わかりやすくふりがなを振って、ここに紹介しておきます。

　　男の修行
　　苦しいこともあるだろう
　　云（い）い度（た）い事も阿（あ）るだろ宇（う）
　　不満なこともあるだろう
　　腹の立つこともあるだろう
　　泣きたいこともあるだろ宇（う）
　　　これら越（を）じっと
　　　　古（こ）らえてゆく能（の）が
　　男の修行である

　山本五十六はアメリカの実力を知り抜いていて、勝ち目のないことも承知していました。できれば戦いたくなかったのですが、大命が下れば戦わざるをえません。そして戦

いのすえ、南方洋上で散華しました。
　トップなら何でも思いどおりになるわけではありません。さまざまなものに耐えることで磨かれ、その結果として、責任を果たすことができるのです。

三
後継者をどう育てるか

人間というものは、
側近に優れた人物を得るかどうかで
善くもなるし悪くもなる。

【現代語訳の概要】

補導役を誰にするかの人選は実に難しい

　貞観8年、太宗が側近の者に、「優れた知能の持ち主は相手の意見に左右されることはないが、中程度の並の人間は、人の教えに影響されて、どうにでも変わっていく」。だから、「太子の補導役を誰にするかという人選はとても難しい」と語り、2つの例をあげました。

　まず、昔、周の成王が幼かった頃、周公と召公の2人が補導にあたり、側に仕えた者もすべて賢人ぞろいでした。そのかいあって、成王は立派な教えを聞いて仁徳を身につけ、素晴らしい聖天子となることができました。

　一方、秦の2世皇帝の胡亥は、趙高に法家の教えをたたきこまれ、即位するや、功臣を誅殺し親族を手にかけるなど、暴虐の限りを尽くしたあげく、あっというまに滅びてしまいました。

　この2人の例からもわかるように、人間というのは、側近に優れた人材を得るかどうかで、善くもなるし悪くもなります。「太子や諸王のために立派な人物を選任し、しっかりした教育をほどこしたいと考えている。どうか、誠実で正道を踏みはずさない人物を探し出し、それぞれ2、3人の候補を推薦してほしい」と、太宗は語りました。

七章　有終の美を飾らん

太宗も後継者には苦労した
~上に立つ人間なら誰しも後継者の育成に心を痛める

　誰を後継者にするか、そしてどう育てるか。いつの時代でも当事者にとっては頭の痛い問題で、太宗も例外ではありませんでした。

　太宗は長孫皇后との間に、上から承乾、泰、治の３人の息子をもうけましたが、即位したその年、８歳の承乾を太子に立てました。承乾は嫡出の長子ですから、順当な人選といってよいでしょう。このほかにも庶出の息子が大勢いましたが、太宗は、彼らを含めて太子以下息子たちの教育に並々ならぬ配慮を示しています。

　貞観11年、太宗は「古来、帝王の子はすべて奥深い宮殿に生まれ、わがまま勝手な人間に育っていく。国を滅ぼし、わが身さえ保てなくなるのは、これが原因である。わが子の将来を考えて、今から厳しく教育しておきたいと思う」と語っています。

　また、貞観16年にも重臣たちに、「50歳に近くなって、いささか気力の衰えを感じている。すでに長子の承乾を太子に立ててはいるが、なにしろ諸弟、庶子の数は40人に近い。昔から嫡出であろうと庶出であろうと、しっかりした後継者に恵まれなければ、国を滅ぼしてしまう例が多い。

この機会に、改めて頼んでおくが、太子ならび諸公子の補佐役として、能力、人格ともに優れた人物を推薦してほしい」といっています。

このように太宗も、後継者の育成については終始心を痛めているのです。そして現に、太子には孔穎達、次子の泰には王珪というように、第一級の人物をつけて、教育や補導に万全を期したつもりでした。

しかし、せっかくの配慮も実を結ばず、承乾は長ずるにつれて素行がおさまらなくなり、わがまま勝手な奇行が目立つようになります。太宗の愛情はしだいに次子の泰に傾いていくかに思われました。それを察知した承乾は、太宗の暗殺を企ててしまいます。そこで太宗は、承乾の身分を剥奪して、庶民に落とすという苦悩の決断をします。

後釜には当然次子の泰が浮かび上がってきましたが、彼は策謀好きで、守成の時代のトップとしては適格性に欠けていたようです。太宗は悩んだすえ、長孫無忌（長孫皇后の兄）や重臣たちのすすめを入れて、3番目の治を太子に立てることにしました。貞観17年のことです。ちなみに治は16歳でした。

四
太子に対する実地教育

　人間の代わりに働く馬は、
ときには休める必要がある。
そうすれば、人間のために働き続ける。

【現代語訳の概要】

無道な君主でも諫言を聞き入れれば立派な君主になれる

　貞観18年、太宗が側近の者に、折に触れて太子に教えていることを話しました。

　たとえば、食事の際、食べようとしているものがどのようにしてつくられたかを伝え、それは人民が額に汗してつくったものだから、農繁期には人民を使役にかり出してはならない。さもないと、いずれは食事にも事欠く始末になると教えていると語りました。

　また、馬については、人間の代わりに働いてくれるものだから、いつも痛めつけてばかりいないで、ときには休ませてやらなければならない。そうすれば、いつまでも人間のために働いてくれると。

　また、舟に乗ったときには、舟は君主のようなもの、舟を浮かべる水は人民のようなもの。水はよく舟を浮かべるが、ときには転覆させもする。だから君主たるもの、かりそめにも人民を侮るようなことがあってはならないと教えていると。

　さらに、曲がりくねった木を見ては、こんな木でもきちんと墨縄を当てて切れば、まっすぐな木材になる。それと同じように、どんなに無道な君主でも、臣下の諫言を聞き入れれば、立派な君主になることができるといった具合に、太子を戒めていると語りました。

七章　有終の美を飾らん

頼りない後継者だった
～太宗ほどの名君でも後継者の育成には失敗した

　この話は貞観18年のことですから、相手の太子は新たに立てられた治になっています。治はこのとき17歳でした。

　治は、父親の太宗とは違って凡庸な人物でした。強いて長所をあげれば、人柄が温厚で素直なところでした。その程度の人物がなぜ大帝国の後継者に選ばれたのか。その理由の1つが、嫡出のなかから選ぶとすれば、彼しか残されていなかったことです。もう1つは長孫無忌の強力な推薦があったことがあげられます。無忌は長孫皇后の兄であり（治から見れば伯父）、元老として重きをなしていました。太宗といえども、彼の意見は無視できなかったのです。つまり治の擁立は八方丸くおさまる無難な選択だったのです。

　史家のなかには、この人事を厳しく批判する者もいました。たとえば、正史の『新唐書』は、「太宗の明を以て子を知るに昧し。廃立の際に自ら決する能わず、遂に昏童を用う」と評しているほどです。

「昏童」とは穏やかならぬ表現ですが、そう決めつけられてもしかたのない面があったのかもしれません。太宗もそのことはよく承知していて、多分に不安を覚えたはずです。だからこそ噛んで含めるような教戒をしたのでしょう。

さらに太宗は、みずから『帝範』なる書を著して太子に与えています。これは帝王たる者の心得をさまざまな角度から説いたもので、現代風にいえば、太宗流の帝王学といえるものです。

　太宗が死去して、その後を継いで3代目の座についた治（高宗）は、すぐに皇后武氏に首根っこを押さえられて精彩を失ってしまいます。そして朝廷内に武后専制の嵐が吹き荒れることになりますが、天下は泰平であり、唐王朝の体制にはいささかの揺らぎも生じませんでした。太宗の代で、すでにそれだけの基盤を築き上げていたのです。

　それにしても、太宗ほどの名君でも後継者の育成には失敗しているのですから、立派な後継者を育てることは、相当に難しいことだと考えてよさそうです。

〈解題〉
唐の太宗と補佐役たち

「太宗」とは、よく2代目の皇帝に贈られた廟号(皇帝が死去してから後に贈られた称号)で、初代には高祖や太祖などの廟号が贈られた。李世民は後世に「貞観の治」と語り継がれる泰平の世を築いたが、その人となりと、彼を支え続けた重臣たちの姿を解説する。

父に挙兵をすすめる
〜李世民の積極論が挙兵の起爆剤となる

　太宗李世民は、西暦598年、隋王朝の将軍・李淵の次男として生まれました。日本でいえば聖徳太子が活躍していた頃です。

　兄弟は兄の建成と、玄覇、元吉の2人の弟がいました。少年時代から、「栴檀は二葉より芳し」という言葉の似合う利発な少年であったようです。

　李世民の成長期は隋末の混乱期にあり、煬帝の悪政に耐えかねた人民が各地で反乱を起こし、隋の有力な武将のなかにも、煬帝討伐の軍を起こす者が現れてきていました。天下はにわかに騒乱の坩堝と化す情況で、太原留守(太原地区の軍司令官)だった李淵のもとにもその波は及んできました。

　優柔不断なところがあった李淵は、初めは挙兵に消極的でしたが、李世民に尻を叩かれて踏みきります。

　世民はこのときの来るのを予期し、ひそかに私財を投じて賓客を養い、群盗侠客を手なずけて兵を養っていたといわれます。

　李淵自身も、当時反乱軍に脅かされており、生き残るためには煬帝配下の一武将の立場から脱皮し、独自の政治的立場を築く必要が

ありました。その意味では、世民の積極論は挙兵の起爆剤の役割を果たしたのです。

西暦617年5月、李淵は太原で挙兵し、隋軍を排除しつつ年内に都の長安を陥れます。このとき煬帝は江南の揚州に難を避けて、享楽にうつつを抜かすありさまでした。

長安に入城すると、李淵は煬帝の嫡孫・代王侑を皇帝の位につけ（恭帝という）、みずからはその下で実権を握ります。これはやがて訪れる禅譲への布石でした。

世民はこの戦いにおいて、先頭に立って働いたことはいうまでもありません。

ところが、揚州に逃れていた煬帝が、翌618年、臣下によって殺害されます。これは李淵にとって遠慮する相手がいなくなったことを意味しました。しかも、民心は完全に隋王朝から離れています。そこで李淵は恭帝の代わりに帝位につきます。これが唐王朝の初代、高祖です。

このとき世民は、尚書令、大将軍の要職に任命され、秦王に封じられています。時に20歳を過ぎたばかりの若さです。ちなみにこのとき、兄の建成は太子に立てられ、弟の元吉は斉王に封じられています（もう1人の弟、玄覇はすでに死去していました）。

李世民の活躍
～敵対勢力を駆逐して唐王朝の基盤をつくる

唐王朝は発足したものの長安周辺の渭水流域を支配しているだけで、全国各地には有力な敵対勢力が割拠していて、唐王朝の出方を窺っていました。たとえば甘粛地方には薛挙、山西地方には劉武周、洛陽には王世充、河北地方には竇建徳といったぐあいに。

生まれたばかりの唐王朝が生き残るには、これらの勢力を駆逐し

ていかなければなりません。それを一手に引き受けたのが李世民で、彼は軍事面の最高責任者として、次々とこれらの勢力を倒して、唐王朝の基盤を不動のものとしました。

　当面の脅威だったのは、甘粛地方の薛挙の勢力で、背後から侵攻のかまえをみせていました。中原平定のためには、まずはこの敵を倒しておかなければなりません。

　たまたま薛挙が病死し、その子の仁杲(じんこう)が跡を継いで、渭水上流の涇州(けいしゅう)に集結していました。対する世民も、初めは州の近くに塞を築いて持久戦のかまえを取ります。10万を超える仁杲軍は、一気にけりをつけようとしますが、世民は満を持して動きません。こうして両軍対峙のまま60日がたちました。

　食糧の備蓄に乏しい仁杲側は、しだいにあせりの色を濃くしていきます。そこを見透かして切り崩しをかけると、仁杲側の武将のなかには、自軍に見切りをつけて寝返ってくる者も出てきました。

　このときとばかりに世民は一隊を繰り出して平原に布陣させ、誘いをかけます。辛抱してきた仁杲側は、全軍をあげて攻撃してくるが、世民はまたもや固く守り、決戦を挑んできた相手に肩すかしを食らわせます。そして数日後、疲れ果てた敵に世民の本隊がどっと襲いかかります。敵は算を乱して敗走。それを息もつがずに追撃し、涇州をすっかり包囲してしまいます。追いつめられた仁杲は降服し、作戦は世民のあざやかな勝利に終わりました。

　この戦いに、世民の勝利の方程式がよく示されています。まずはじっと持久して動かず、その間に動き回ったあげく疲れ果てた相手を一気にたたくのです。この勝ちパターンは、その後の戦いでも踏襲されていきます。

用兵も天才的であった
～食糧が尽きて、退却せざるをえなくなったときを狙う

　次の敵は、山西北部から太原に進出してきた劉武周です。世民は黄河を渡って劉の先鋒軍と対陣します。敵はしきりに決戦を挑みますが、騎兵を放って相手の補給線を攪乱するだけで、またしても世民はじっと守って動きません。やがて食糧の尽きた敵は退却に移りました。世民はこのときとばかり、全軍をあげて追撃して撃ち破ったのです。

　命からがら本拠に逃げ帰って守りを固める敵軍に対し、世民はまたも一隊を繰り出して挑発し、負けたふりをして相手を誘い出します。汚名返上とばかりに隊伍を乱したまましゃにむに突っ込んできた敵軍に、満を持して世民の精鋭部隊が襲いかかり、これを撃破。そして劉武周は北方の突厥へと逃げ去りました。こうしてこの戦いも世民が快勝し、山西も唐の領有に帰したのです。

　敵の疲れを待って一気に叩くという世民の戦法は、その後の洛陽の王世充討伐や最大の難敵、竇建徳との戦いにおいても遺憾なく発揮されました。

　それにしても、あざやかとしかいいようのない、まさに横綱相撲のような勝ちっぷりです。李世民はこうした戦い方で、次々と敵対勢力を滅ぼしていったのです。

玄武門の変
～兄弟が殺し合うという悲劇を乗り越える

　李世民の働きにより、唐王朝は創業の危機を脱して安定軌道に乗りました。高祖李淵は、世民に「天策上将」という特別の位を与え、世民の声望と威信はひときわ高まります。

　高祖が即位した際、長男の建成は世継ぎの太子になっていました

が、世民の声望の高まりに、その存在がうとましく、太子の座まで失いかねないと考えるようになります。そこで建成は、末弟の斉王元吉と組んで、世民を排除しようとします。

血を分けた兄弟の骨肉の争いに、高祖はただおろおろするばかりで、その優柔不断が、やがて決定的な破局を招くこととなります。

西暦626年7月2日、世民に仕える腹心たちが先手を取って決起し、玄武門で建成と元吉の2人を殺害してしまいます。これを「玄武門の変」といいます。

高祖は残った世民を太子に立てるよりほかなく、2か月後の8月、世民は高祖の譲りを受けて、第2代皇帝の座についたのです。時に28歳の働き盛りでした。

世民の実力と声望により、この宮廷内クーデターは比較的平静に受け取られたようですが、兄弟が殺し合った事実は、その後の世民の心に重いしこりとして残ったに違いありません。皇帝として政治に打ち込んだのは、その負い目に対する代償行為だったとも考えられます。

「貞観の治」の表と裏
～人民の生活はゆるやかに荒廃から回復していった

西暦626年、第2代皇帝の座についた太宗李世民は、翌年、貞観と改元、649年に死去するまでの24年間その地位にありました。その治世は「貞観の治」と称えられ、平和で安定したものだったと後世に伝えられるようなものでした。

しかし、当初は戦乱の爪痕や天災による疲弊、国力・財力不足などにより、理想の状態からはほど遠いものでした。少なくとも貞観初年の頃は、平和な時代とはなったものの、民生の回復は一朝一夕にはなりませんでした。

太宗はみずから節倹を旨として、財用のムダ遣いを厳しく戒め、民生の安定に意を用いたことはたしかですが、かといって5年や6年で人民の生活が飛躍的に向上したわけではありません。実態は、行きつ戻りつしながら、ゆるやかに回復していったのです。
「貞観の治」といえば、古来、太平の世の典型とされてきましたが、今、わたしたちが「貞観の治」を評価する場合、成し遂げられた成果よりも、むしろ太宗と側近たちがどんな覚悟で政治に取り組んだのか、そちらのほうに目を向けるべきなのかもしれません。

補佐役の横顔
～太宗の治世を支えた多くの名臣たち

　当然、「貞観の治」は太宗の独力によってもたらされたものではありません。彼の治世を支えた多くの名臣たちがいたのです。
　ここで主な補佐役の横顔を簡単に紹介しておきますが、もう少し詳しい解説は、コラム記事の「人物評伝」をご参照ください。
　［房玄齢と杜如晦］（p.240 参照）
　太宗は秦王時代、その幕下に「十八学士」と呼ばれるタレントを集めて将来の治世に備えていましたが、房玄齢と杜如晦はその筆頭格の存在でした。
　［魏徴と王珪］（p.240 参照）
　初めは太子建成に仕えていましたが、建成の死後、太宗に見出された名臣です。
　［長孫皇后］（p.241 参照）
　その明晰さからくる内助の功によって、太宗を内側から支え続けました。

晩年の苦悩
～死期を早めた高句麗遠征による心身両面の疲労

　24年にわたる治世で太宗は、広く人材を登用し、諫言に耳を傾け、常に緊張感を持って政治に取り組みました。それにしても異常な精励ぶりともいえます。

　史家の評を借りれば──。

「その聴断して惑わず、善に従うこと流るるが如きは、千載に一人と称すべきのみ」

　つまり、1000年に１人の名君だといっています。しかし、太宗といえども人間です。現に晩年になって、悩ましい問題を２つも抱え込むことになりました。

　１つは、高句麗遠征の問題です。

　当時の朝鮮半島は、高句麗、百済、新羅の３国が鼎立し、それぞれ唐に朝貢しながらも対立抗争を続けていました。そんな情況のなかで貞観18年（644年）、新羅が唐に救援を求めてきたのをきっかけに、計３回の高句麗遠征を行なうこととなります。

　この遠征は高句麗の強い抵抗にあい、目的を達しないまま、太宗の死によって中止されます。唐としては、何ひとつ得るところがなかったばかりか、いたずらに民力を疲弊させただけに終わったのでした。

　即位以来、軍事行動を極力控え民生の安定を優先させてきた太宗が、晩年にこういう遠征に踏みきったことは、名君にしては「千慮の一失」といわざるをえません。

　もう１つは、後継者の問題です。

　太宗は長孫皇后との間に、上から承乾、泰、治と、３人の男の子をもうけていました。そして即位したとき、８歳の承乾を太子に立て、太子教育にも万全を期したつもりでした。ところが承乾は長

じるにつれて素行が乱れてしまいます。やむなく太宗は、貞観17年、承乾を廃して、第3子の治を太子に立てました。しかし、治はその温厚さだけがとりえの青年で、大帝国の後継者としては力不足でした。こうした情況にあって太宗の不安は募るばかりだったはずです。

　後継者の交替劇まで太宗の責任に帰するのは少し気の毒な気がしますが、晩年の太宗にとって大きな悩みのタネであったことは間違いありません。

　太宗は、貞観23年（西暦649年）5月、築き上げた大唐帝国の行くすえを案じながら、都長安で死去しました。高句麗遠征による心身両面の疲労が死期を早めたといわれています。

【人物評伝】

房玄齢と杜如晦
企画力と決断力という異なる持ち味で太宗を支える

　太宗は秦王の時代に「十八学士」と呼ばれる才人を集めて、将来の治世に備えましたが、房玄齢と杜如晦はその筆頭格の存在でした。

　太宗が即位するや、房玄齢と杜如晦は宰相職について国政を担い、台閣（内閣）の規模から人材登用まですべて2人で決定したといわれています。また、その名コンビぶりは、「房杜、太宗を輔相して貞観の治をなし、而して後世これを観るに、跡の尋ぬべきなし」と謳われるほど最高の評価を受けています。つまり、功績はすべて太宗に帰し、これが自分たちの功績だという痕跡は残さなかったというのです。

　2人は異才の持ち主で、房玄齢は企画力に優れ、杜如晦は決断力に富んでおり、その才能を太宗のために十分発揮しました。

　房玄齢は宰相の地位にあること15年、貞観22年、71歳で天寿を全うしましたが、杜如晦のほうは貞観4年、いよいよこれからというとき、46歳で病没しました。

魏徴と王珪
ともに歯に衣を着せぬ直言で太宗に仕える

　房玄齢と杜如晦が太宗が秦王の頃からの側近であったのに対し、魏徴と王珪は初め太宗の兄である太子建成に仕え、建成の死後、太宗に見出されました。房と杜がよく太宗の意をくんで表の政治をとりしきったのに対し、この2人は太宗の側近職を歴任し、直言をもって補佐の責務を果たしました。

とくに魏徴の歯に衣を着せぬ直言に、太宗もしばしば耳を傾けています。魏徴なくして名君太宗もなく、「貞観の治」もなかったといわれるほどの名臣で、貞観17年に魏徴が死去したとき、太宗はその死を深く悼んだといわれています。ちなみに魏徴は、『唐詩選』の巻頭を飾る「人生、意気に感ず、功名、誰かまた論ぜん」という「述懐」と題する有名な詩の作者としても知られています。

　もう1人の王珪も、その人柄を買われて太宗に仕え、侍従職を歴任します。魏徴とともに直言をもって太宗に仕え、太宗も王珪に対して、「卿(けい)、若し常に諫官に居らば、朕必ず過失なからん」といって、その直言に感謝したといわれています。

長孫皇后(ちょうそんこうごう)

質素な生活ぶりと内助の功によって太宗を支える

「内助の功」を発揮して太宗を支えたのが長孫皇后で、その諡(おくりな)により文徳皇后とも呼ばれています。13歳で太宗に嫁いで以来、常に質素な生活を心がけながら読書に励み、内側から太宗の立派な補佐役となりました。

　あるとき太宗が臣下に対する賞罰について皇后の意向を確かめたところ、「女が出しゃばるのは家を滅ぼすもと」だと『書経』の言葉を引いて、ついに答えなかったといいます。また、太宗が皇后の実兄の長孫無忌を宰相に取り立てようとしたときには、皇后の一族を起用することは専横の弊を招くとして、最後まで反対しました。

　貞観10年、36歳の若さで死去しますが、その頃、太宗の機嫌をそこねて引きこもっていた房玄齢について、皇后は太宗に、次の3か条のなかで遺言しています。

・よほどのことがない限り、玄齢ほどの名臣を遠ざけてはなりません。

- 自分の縁者を要職につけないでください。
- 自分の葬儀はごくごく簡素なものにしてください。

　皇后としての分をわきまえていた長孫皇后の人柄・人格がよくわかる3か条ではありませんか。

劉邦
りゅうほう

臣下の言葉に耳を傾け、守成ための学問に励む

　創業と守成を考えるとき、重要なのは創業から守成への移行の問題です。これに失敗すれば組織はいずれ衰亡を免れません。漢王朝もまた例外ではありませんでした。

　劉邦は名もない農民の家に生まれながら、若いときから野良仕事を嫌い、もっぱら「遊侠」との交わりを深めていました。つまり、根っからの遊び人でしたが、若い連中から兄貴として慕われたということから、それなりの人望はあったようです。そんな彼が反乱軍のリーダーにかつぎ出され、運にも恵まれて天下を取ったのです。

　そんなわけで、ほとんど無学無教養でした。庶民ならそれでもいいのですが、皇帝ともなるとさすがにそうはいきません。「馬上で天下を取った」と自負しており、学問に身が入らなかった劉邦は重臣の陸賈（りくか）の「天下は馬上では治められません」との言葉に、帝王学を学ぶ決意をしたのでした。

　帝王学のテキストに使われたのは『詩経』と『書経』で、表現力を高め、詩歌の1つも詠めるようになり、政治の勘所を学ぶには最適な2冊でした。結果、漢王朝は安定の時代への流れを手に入れます。

上杉鷹山(うえすぎようざん)

財政再建のための藩政改革に命をかける

　日本の江戸時代にも名君が出ていますが、その代表格といえば米沢藩の上杉鷹山でしょう。鷹山は、財政再建のための藩政改革に、血のにじむような努力をしたことで知られていますが、隠居して世子に藩主の座を譲ったとき、3か条からなる訓戒を与えています。それは次のような内容でした。

・国家は、先祖より子孫へ伝えられるものであり、私物化するものではない。

・人民は国家のものであり、私物化するものではない。

・君主は国家人民のために立てるものであり、君主のための国家人民などない。

　つまり、人民あっての国家だということであり、これは、社員あっての会社だということに通じるかもしれません。

　もちろん太宗もそういう自覚を持っていたからこそ、厳しく自分を戒めていました。ちなみに、太宗の自戒を2つ紹介しておきましょう。

一、深淵に臨むが如く薄氷を履むが如く、なにごとにも慎重に対処すること。

一、臣下に耳や目を塞がれて情報遮断の状態に陥り、裸の王様にならないこと。

曹操(そうそう)

悪どい策略や駆け引きを平気で使う

　太宗は、魏の武帝曹操を「詭詐(き)多し」として嫌いました。曹操は「乱世の姦雄(かんゆう)」などと評されているように、悪どいとか汚いといわれるような駆け引きを平気で使うところがありました。

たとえば、敵と対陣中のこと、兵糧が心細くなってきました。曹操は兵糧係を呼んで、「何かよい策はないか」と尋ねます。すると兵糧係は、「枡を小さいものに取り替えて、食いのばしをはかりましょう」と答えます。「よし、それでいこう」ということになりますが、やがてこの処置が将兵にばれてしまい、「大将がわれらを騙している」という噂が流れました。

　そこで曹操は再び兵糧係を呼び出し、「兵士の不満をなだめるには、お前に死んでもらわなければならない。ほかに道はない」というなり、彼の首を斬り落とし、さらし首にしたうえ、以下のように布告しました。

「この者、小枡を用いて軍の食糧を盗みしかどにより、斬罪に処せり」

　これで兵士の不満はおさまったかもしれませんが、ばっさりやられた兵糧係はなんとも浮かばれない話です。

趙高（ちょうこう）

2世皇帝胡亥（こがい）を情報操作して秦を滅亡に追い込む

　秦の2世皇帝胡亥は、もともと趙高という宦官の暗躍によって擁立されました。そのこともあって、初めから趙高のいいなりでした。やがて宮中深く閉じこもって、大臣とも会わなくなり、ただただ趙高とだけ政治を相談するようになったといいます。

「馬鹿」という言葉の語源になったといわれる有名な話があります。あるとき趙高は胡亥に鹿を献上して、「馬でございます」といいました。胡亥は笑って、「趙高はどうかしている。鹿を馬だとは」と、側近たちに話しかけました。

　側近の反応は3つに分かれました。ある者は黙ったままで、ある者は趙高にへつらって、「いいえ、馬でございます」といい、ある

者は、「鹿でございますとも」と答えたのです。

その後、趙高はひそかに手を回して、「鹿」と答えた者に罪を着せて重く罰したといいます。以来、臣下はますます趙高を恐れはばかるようになったのです。

こうして情報をすっかり遮断された胡亥は、やがて趙高の手にかかって殺され、秦帝国も滅びてしまいます。

趙奢と趙括
机上の兵法が幅をきかせると敗北を招く

中国の戦国時代のこと、趙の国の趙奢という将軍は、秦の大軍を迎え撃ちみごとな勝利をおさめました。その趙奢には趙括という息子がいて、彼も父親の影響で子供の頃から兵法書に親しみ、軍事にかけては「天下の第一人者」と自負するようになりました。

この親子が兵法論を戦わせると、趙奢はいつも押されぎみでしたが、どんなに旗色が悪くなっても、息子の意見に同意しませんでした。

その理由を趙奢は、「戦は命がけの場だが、趙括の兵法は口先だけのもの。任命されなければいいが、万一将軍にでもなれば、必ずや軍を破滅させてしまうだろう」と述べました。

やがて趙奢の心配が現実となり、趙括は趙軍の総司令官に任命されます。そして秦軍と戦って大敗を喫し、みずからもあえない最期を遂げてしまいます。

これは実戦経験のない机上の兵法家ゆえの悲劇だったといえます。軍事だけでなく、政治や経営なども結果責任を問われる場です。学問や教養も机上の空論としてあるのではなく、実際に役立つものでなければなりません。

諸葛亮(しょかつりょう)

類いまれな公平さで人々から畏れられながらも愛された

　諸葛亮といえば『三国志』の英雄で字を孔明。知謀優れた軍師として知られていますが、むしろ蜀の丞相(じょうしょう)としての政治面こそ評価されなければなりません。彼は小国のリーダーとして、大国を相手に8年間にわたる総力戦を挑みました。並のリーダーなら国の政治をガタガタにしてもおかしくないところ、彼は国の政治にいささかの乱れも出さずまとめきっています。抜群の統率力です。

　正史『三国志』の著者陳寿(ちんじゅ)は、孔明の政治の特徴について、「誠実に働き人民の利益をはかった者には意見の対立した者でも厚く賞し、法を犯したり職務を怠った者は親族でも処罰した。進んで罪を認め反省した者は重罪であっても許し、いい逃れようとする者は軽罪でも必ず処罰した。善行はささいなことでも顕彰し、悪行は微小なことでも必ず処分した。かくて人々から畏れられながらも愛された。厳しい政治を行なったにもかかわらず怨む者がなかったのは、彼の配慮が公平で、賞罰が厳正だったからだ」と評しています。公平なやり方が部下や国民から幅広い支持を得たのです。

孫権(そんけん)

短所も長所もある人材を、よく育てよく使いこなした

　人は他者の短所に目を奪われて、嫌ったり遠ざけたりしがちです。その意味で、『三国志』で有名な呉の統領の孫権は、さまざまな人材を、よく育てよく使いこなした人物でした。

　孫権は、天下を争った魏の曹操(そうそう)や蜀の劉備(りゅうび)に比べると、今ひとつ迫力を感じません。しかし、決して凡庸なトップではありませんでした。彼が優れていたのは、部下の育て方、使い方がうまかったことです。現に彼の幕下からそうそうたる人材が輩出し、その活躍

によって乱世のなかを生き残っていきました。そういう人材を育て、しかも、よく使いこなしたところに、孫権の非凡さがあったのです。

では孫権は、どんな態度で部下に臨んだのでしょうか。彼は「部下が自分の持っている長所を発揮できるよう仕向け、短所は忘れてやった」といっています。「短所は忘れてやった」というのは言葉のあやであり、本当に忘れたわけではありません。短所は短所として把握しつつ、それについて目くじらを立てて咎めないということです。これなら部下もやる気になるに違いありません。

李克（りこく）

有名な人物鑑定法のポイントは5つ

戦国時代のことです。魏の文侯（ぶんこう）という王が次期宰相の選任にあたって、2人の候補のうちのどちらにすべきか決めかねて、李克という重臣に意見を求めました。このとき李克は、人物鑑定の5条件を示し、これにあてはめてみれば、どちらが適任であるか、おのずから明らかでしょうと答えています。その5条件をわかりやすく箇条書きにしてみると、次のようになります。

- ふだんどんな相手と親しくしていたか。
- 豊かになったとき、どんな相手に与えたか。
- 高位についたとき、どんな相手を推挙したか。
- 追いつめられたとき、不正なことに手を出さなかったか。
- 貧しいとき、利益に飛びつかなかったか。

単に能力だけを見るのではなく、全人間力を問うていることがわかります。

それを聞いて文侯は、「いや、よくわかった。これで決まった」といって、深く頷いたということです。

［原著者略歴］

守屋　洋（もりや・ひろし）
著述業（中国文学者）。1932年宮城県生まれ。東京都立大学中国文学科修士課程修了。『孫子・呉子』『司馬法・尉繚子・李衛公問対』『六韜・三略』（いずれも守屋淳との共著）、『菜根譚の人間学』『論語の人間学』（いずれもプレジデント社）ほか著書多数。

「貞観政要」がやさしく学べるノート
組織を「安定軌道」に乗せるにはどうすべきか？

2018年3月16日　第1刷発行

編著者	プレジデント書籍編集部
発行者	長坂嘉昭
発行所	株式会社プレジデント社
	〒102-8641　東京都千代田区平河町 2-16-1
	平河町森タワー 13階
	http://president.jp
	http://str.president.co.jp/str/
	電話：編集 (03)3237-3732
	販売 (03)3237-3731
装　丁	竹内雄二
編　集	桂木栄一
制　作	関　結香
販　売	高橋徹　川井田美景　森田巌
	遠藤真知子　末吉秀樹
印刷・製本	中央精版印刷株式会社

©2018　PRESIDENT Inc.
ISBN978-4-8334-2262-8
Printed in Japan
落丁・乱丁本はおとりかえいたします。